_____ 님에게

꿈이 이루어지기를 빌면서
이 책을 드립니다.

_____ 드림

학부모도 꼭 읽어야 할
자녀의 학습 비법, 성공 비법

초판 제1쇄 인쇄 2010. 4. 23.
초판 제1쇄 발행 2010. 4. 28.

지은이   김 이 순 (필명 김이준)
펴낸이   김 경 희

경 영   강 숙 자
편 집   김 예 지
디자인   이 영 규
영 업   문 영 준
관 리   강 신 규
경 리   김 양 헌
펴낸곳   (주)지식산업사
         본사 ● 413-832, 경기도 파주시 교하읍 문발리 520-12
         전화 (031) 955-4226~7 팩스 (031)955-4228
         서울사무소 ● 110-040, 서울시 종로구 통의동 35-18
         전화 (02)734-1978 팩스 (02)720-7200
         한글문패   지식산업사
         영문문패   www.jisik.co.kr
         전자우편   jsp@jisik.co.kr
         등록번호   1-363
         등록날짜   1969. 5. 8.

책값은 뒤표지에 있습니다.

ⓒ 김이순, 2010
ISBN 978-89-423-9007-6 03370

이 책을 읽고 저자에게 문의하고자 하는 이는
지식산업사 전자우편으로 연락바랍니다.

학부모도 **꼭** 읽어야 할

자녀의 학습비법, 성공비법

김이순 지음

들어가는 말

과거는 흘러갔고 현재는 짧다. 그러나 미래는 무척 길다. 영국의 역사학자 E.H. 카는 '역사란 과거와 현재의 끊임없는 대화이다'라고 정의하였다. 과거 없는 오늘, 과거 없는 내일은 절대로 존재할 수 없다. 과거는 죽은 것이 아니라 계속 살아남아 현재에도, 그리고 미래에도 영향을 끼친다. 그리하여 과거의 경험을 교훈 삼아 최대한으로 현재에 충실하면서 희망차고 밝은 미래를 건설해야 할 것이다.

현재는 과거와 미래를 연결하는 징검다리다. 이 징검다리가 탄탄해야 미래로 향하는 길도 탄탄해질 수가 있다.

미래는 불확실성이 많기 때문에 예측하기 어려워 불안하다. 불안한 미래에 대처할 수 있는 가장 좋은 방법은 교육에 있다고 할 수 있다.

　교육은 본질적으로 미래를 위한 것이라 할 수 있다. 미래란 배우지 못한 사람에게는 두려운 것이지만, 배운 사람에게는 희망이 될 수가 있다. 인간답게 살아가려면 교육이 필요하다. 교육에서 미래의 행복을 찾을 수 있다.

　사랑은 아름답고 위대하다. 가장 위대한 것은 자식에 대한 부모의 사랑일 것이다. 그것은 모든 것을 초월하는 절대적인 것이다.
　부모에게 자식이란 무엇인가? 희망 그 자체이고, 또 존재 이유 그 자체라고도 할 수 있다. 그리하여 부모는 자식을 위해 모든 것을 기꺼이 희생할 각오가 되어 있다. 모름지기 모든 생물은 종족보존의 본능을 가지고 있어서 종족이 잘되기를 간절히 바라게 된다. 사람이 자기 자식을 잘되게 하는 가장 확실한 방법은 교육을 잘 시키는 것이다.
　그런데 자녀 교육이라는 것이 우리나라의 현실에서는 너무나 힘들다. 부모 노릇하기가 너무 힘들다고 여기저기서 아우성이다. 너무나 지나친 사교육비 부담 때문에 부모들의 허리가 휠 정도이다.

우리나라의 많은 부모와 학생들이 공부 방법에 대해 잘 모르고 있는 것 같다. 그래서 제대로 방향을 잡지 못하고 이리저리 흔들리면서 헤매고 있다. 그렇기 때문에 많은 시행착오를 겪으면서 너무나 많은 돈과 시간을 허비하고 있는 실정이다.

솔직히 이 책을 쓰고 있는 필자 자신도 자식을 키우고 가르치면서 시행착오가 많아서 지금 생각하면 후회스러운 점이 너무 많다. 만약 필자에게 자식을 공부시킬 수 있는 기회가 다시 주어진다면 정말로 잘 시킬 수 있을 것 같다.

내 아들, 딸들이 자기 자녀들을 교육하는 데, 그리고 한국의 많은 부모들이 그들의 자녀들을 교육하는 데 적지 않게 도움이 될 것이라는 확신에서 이 책을 쓰게 되었다.

이 책은 필자가 학창시절에 공부했던 경험, 자식을 키우고 공부시켰던 경험, 학교와 학원에서 학생들을 가르치면서 얻은 경험, 책이나 신문에서 얻은 지식, 그리고 평소에 생각해 왔던 바를 바탕으로 하여 쓴 것이다.

아무리 훌륭한 지식과 경험이라도 혼자만 지니고 있다면 너무 아깝지 않은가. 그 지식과 경험을 함께 나눌 때 그 나름대로 더 가치가 있다고 생각해서 이 책을 쓰게 되었다.

'말은 날아가고 글은 남는다'(Words fly, writings remain)는 서양의 격언이 있다. 오래 기억에 남게 하고자 필자 나름의 지식과 경험을 정리하여 이 책을 내게 된 것이다.

농사 가운데 가장 어려운 것이 무엇일까? 바로 자식농사일 것이다.

농사에는 노력과 관심이 절대적으로 필요하다. 농사짓는 방법을 배워서, 관심을 갖고 정성을 다하여 물도 주고 거름도 주고 김매기도 해 주어야 농사가 잘되는 것이 아닌가.

자식농사도 마찬가지로 적극적인 관심을 가지고 자녀를 어떻게 교육시켜야 할 것인가에 대해 연구하여, 적극적으로 뒷받침해 주어야 효과가 있게 된다. 직업능력개발연구원의 연구에 따르면, 부모의 관심이 자녀의 학업 성적과 비례한다.

'뿌린 대로 거둔다'(As a man sows, so he shall reap)는 격언은 진리다. 그러기에 부모가 자녀에게 관심을 갖고 뒷바라지해 주어야 하는 것이다.

자식농사를 잘 지어서 주위로부터 부러움을 사고 느긋하게 즐겁게 사는 부모들이 있는가 하면, 자식농사 망쳐서 후회하고 한탄하는 부모들도 많다. '엎질러진 물을 놓고 후회해 봐야 소용없다'(It's no use crying over spilt milk). 후회로 끝나서는 안 되고, 거기에서 교훈을 얻어야 한다.

공부를 잘해서 이른바 일류 대학을 졸업하고 높은 사회적 지위를 얻는 것을 인생의 목표로 생각하는 것이 우리의 실정이다. 그리고 그것을 개인과 가문의 영광이라고 생각하는 것이 일반적이다.

삶에는 일정한 공식이 없다. 그러나 더 좋은 방법은 있다고 할 수 있다. 공부 잘하는 학생은 공부를 잘할 수 있는 충분한 이유가 있고, 또 성공한 사람은 성공할 만한 충분한 이유가 있는 것이다. 따라서 '자식을 어떻게 키우고 공부시킬 것인가'는 연구하고 노력할 만한 충분한 가치가 있는 것이다.

교육은 인재를 기르기 위한 피할 수 없는 투자다. 교육에 미래가 있고, 뛰어난 인재가 곧 미래 희망이고 경쟁력이다.

교육만큼 확실한 투자는 없다. 자녀교육은 인생에서 가장 중요한 프로젝트이다.

일반적으로 공부하는 것이 힘들어 싫다는 사람들이 많다. 그러나 학창 시절에 열심히 공부하지 않은 사람은 죽을 때까지 후회하게 된다. 미국 일리노이 대학의 닐 로즈 교수는 《If의 심리학》이라는 저서에서 후에 사람들이 가장 많이 후회하는 것 가운데 1위가 학습(32%)이고, 그 다음으로 직업(22%), 사랑(15%), 자녀 양육(11%), 자기 계발(5.4%) 순이라고 썼다.

1997년 어떤 신문에서 성인을 대상으로 '다시 중·고등학교 시절로 돌아간다면, 무엇을 제일 하고 싶은지'에 대해 조사한 결과, 열심히 공부하고 싶다는 응답자가 66.9퍼센트로 1위를 차지하였다.

서강대 영문과 장영희 교수(작고)는 '세상에서 제일 쉽고 편한 일이 공부'라고 하였다. 여러 가지 막노동을 해가며 공부해서 1996년 서울대학 인문계(법대 지망)에 수석 입학한 장승수는 《공부가 가장 쉬웠어요》라는 책을 내기도 했다.

로마의 황제이자 철학자인 마르쿠스 아우렐리우스는 "우리의 인생은 우리의 생각이 만드는 것"이라고 말하였다.

인생은 짧고, 배울 것은 많다!

이 책의 좋은 점은?

이 책은 자녀들의 학습비법, 성공비법의 금과옥조(金科玉條)요 알파(α)요 오메가(Ω)이다.

① 오늘날의 학부모와 자녀 사이에는 소통(대화)이 잘 이루어져야 하기 때문에, 이 점을 중요하게 다루었다.
② 입학사정관에 의한 특목고와 자사고 전형에 크게 도움이 될 것이다. 학습 계획서를 쓰려면 자기주도 학습 계획, 봉사 활동과 체험 활동, 감명 깊게 읽은 책에 대한 소감, 미래의 비전에 관해 일목요연하게 써야 하기 때문이다.
③ 논술 고사에 크게 도움이 될 것이다. 그리고 대학 입학시험이나, 취업할 때 심층 면접에도 크게 도움이 될 것이다.
④ 슬기롭게, 그리고 보람되게 사는 데 크게 도움이 될 것이다. 따라서 이 책을 읽는 사람은 크게 만족할 것이다.

⑤ 훌륭한 학자·사상가·과학자·정치인·예술가들의 유명한 말이나 글을 많이 실었다.

⑥ 영어 격언이나 속담을 많이 실었다. 영어 공부에도 도움이 될 것이다. 격언이나 속담보다 더 좋은 문장은 없다.

⑦ 이 책을 읽으면 지식·지혜·교양이 풍부해져 품격 높은 대화를 하는 데 크게 도움이 될 것이다.

⑧ 이 책은 필자가 교육 현장의 체험을 바탕으로 썼기 때문에 누구나 크게 공감할 것이라고 확신한다.

차 례

들어가는 말 ...4

1. 공부의 왕도, 분명히 있다!

1. 공부를 왜 열심히 해야 하는가? ...20
2. 가장 좋은 교육장소는 가정이다 ...27
3. 가장 훌륭한 선생님은 부모이다 ...30
4. 과외가 만능이라고 생각하는 환상에서 벗어나야 한다 ...36
5. 공부하는 방법을 배워야 한다 ...46
6. 자기 주도적인 학습이 매우 중요하다 ...49
7. 공부는 정신 집중해서 해야 효과적이다 ...52
8. 반복 학습이 매우 중요하다 ...58
9. 잠재적 능력 계발에 힘써야 한다 ...61
10. 즐거운 마음으로 공부하도록 해야 한다 ...67
11. 질문을 많이 하는 사람이 많이 배운다 ...71
12. 시간 관리를 잘하는 사람이 성공한다 ...76
13. 체험학습을 많이 하는 것이 좋다 ...81

_겨울이 왔다면, 봄 또한 멀지 않으리(If winter comes, can spring be far behind?) _성공은 가장 끈기 있게 노력하는 "희망" _가장 큰 파산은 열정을 잃는 것이다. 모든 것을 잃어도 열정만은 잃지 말라. 그러면 언제든 다시 일어설 수 있으 생각이 바뀌면 행동이 바뀌고, 행동이 바뀌면 습관이 바뀐다. 습관이 바뀌면 생활이 바뀌고, 생활이 바뀌면 인생이 달라진다 없는 사람은 어리석은 사람이고, 생각하고 책을 읽지 않는 사람을 교만한 사람이다. _지혜란 지식을 적절하게. 그리고 자신을 표현할 능력이 없기 때문에 타인의 약점을 꼬집음으로써 자신의 신분을 올려 보려 하는 것이다. _김기 등 유산소

14. 학교 성적이 좋아야 한다 ...84
15. 잠자는 것을 잘 조절해야 한다 ...87
16. 공부하는 데 환경이 큰 영향을 준다 ...91

2. 독서는 성공으로 가는 길이다

1. 독서의 중요성은 아무리 강조해도 지나치지 않다 ...96
2. 독서를 많이 해야 공부 잘할 수 있다 ...104
3. 책 속에 지혜가 있다 ...106

3. 소통(커뮤니케이션) 교육에 힘써야 한다

1. 신중하게 말하는 훈련이 필요하다 ...112
2. 말 잘해야 리더가 될 수 있다 ...117
3. 말 잘하는 것은 큰 재산이다 ...121
4. 상대방의 말을 잘 듣는 것이 중요하다 ...124
5. 글쓰기 능력을 길러야 한다 ...128
6. 어려서부터 글씨를 잘 쓸 수 있도록 지도해야 한다 ...132

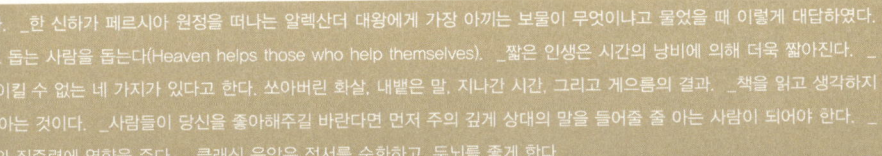

4. 인내심을 가지고 꾸준히 노력하는 사람이 성공한다

    1. 끈기 있게 노력하는 사람이 성공한다 ...136

    2. 인내심을 기르는 것이 매우 중요하다 ...139

5. 꿈을 꾸어야 꿈을 이룰 수 있다

    1. 자신감을 심어주어야 한다 ...144

    2. 목표 없는 성공 없다 ...147

    3. 실패로부터 교훈을 얻을 수 있다 ...153

6. 창의적인 사고력을 키워야 한다

    1. 상상력이 세계를 지배한다 ...158

    2. 긍정적으로 생각하는 습관을 길러야 한다 ...163

_역사의 변화는 창조적인 소수에 의해 주도된다. _Learning is bitter, but it bears a sweet fruit(배움의 길은 고통스럽 리에서 한 번 더 말하고 싶다. 세상에서 부모가 되는 것보다 더 중요한 직업은 없다. _신은 모든 곳에 다 있을 수 없으 방법을 가르치면 평생 살 수 있다. _계획을 세우는 데 보내는 1시간은 그것을 시행하는 과정에서 2~3시간을 절약할 수 집중력이야말로 모든 사고의 원동력이다. _21세기의 문맹자는 글을 읽을 줄 모르는 사람이 아니라, 학습하고 교정하고 많으면 결국 퇴화한다. _일을 즐겁게 하는 사람은 세상이 천국이고, 일을 의무로 생각하는 사람은 세상이 지옥이다.

7. 습관이 인생을 좌우한다

1. 어렸을 때 좋은 습관을 길러야 한다 ...172
2. 스스로 해나가는 습관을 길러야 한다 ...175
3. 미루는 습관을 버려야 한다 ...177
4. 메모하는 습관을 길러야 한다 ...180
5. 시간 약속을 잘 지키는 습관을 길러야 한다 ...182

8. 인성 교육에 힘써야 한다

1. 좋은 성격을 기르도록 해야 한다 ...186
2. 예의에 관한 교육을 잘 시켜야 한다 ...191
3. 친절을 베풀 줄 알아야 한다 ...194
4. 남을 배려할 줄 알아야 한다 ...198
5. 작은 일에도 감사할 줄 알아야 한다 ...202
6. 잘못에 대해 솔직하게 사과하는 태도가 중요하다 ...205
7. 개성 있게 키워야 한다 ...208
8. 자립심을 키워야 한다 ...210
9. 기꺼이 사회봉사 활동에 참가해야한다 ...212

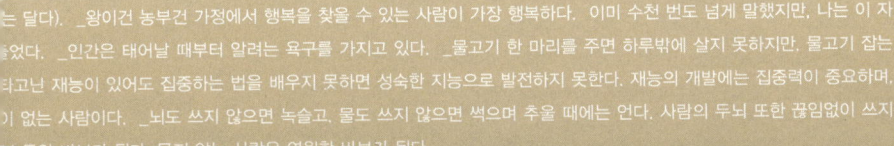

9. 건강이 최고의 재산이다

1. 건강의 중요성을 가르쳐야 한다 ...216
2. 올바른 식생활 습관을 길러야 한다 ...220

10. 자녀들을 끊임없이 주의 깊게 관찰해야 한다

1. 자녀들에 대한 감시·감독을 게을리 해서는 안 된다 ...224
2. 자녀들의 심리를 잘 파악하는 것이 좋다 ...227
3. 자녀들과 대화를 자주 나누어야 한다 ...230
4. 칭찬은 고래도 춤추게 한다 ...234

11. 사람을 잘 만나야 성공할 수 있다

1. 자녀의 친구와 이성 교제에 많은 관심을 기울여야 한다 ...242
2. 자녀의 배우자 선택이 중요하다 ...247

12. 자녀의 적성에 맞춰 전공을 선택해야 한다

1. 적성에 맞는 전공을 선택하는 것이 중요하다   ...250
2. 인기 학과에만 집착해서는 안 된다   ...253

13. 글로벌 시대에 맞춰 교육시켜야 한다

1. 유학이 만능인가?   ...258
2. 조기 유학에 대해 신중하게 생각하자   ...260
3. 앞으로 영어의 중요성이 더 커질 것이다   ...262

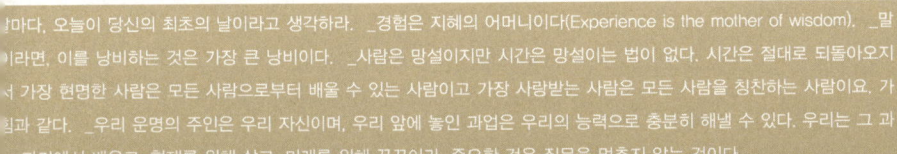
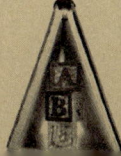

공부의 왕도,
분명히 있다!

배움의 길은 고통스럽다. 그러나 그 열매는 달다.
(Learning is bitter, but it bears a sweet fruit)

그리스 철학자 아리스토텔레스

유대인들의 교육에서는 교사가 일반적으로 수업을
진행하기보다 대화식·질문식·토론식 교육을 한다.
주입식 교육이 아닌 원리를 터득하고
사고력과 응용력을 길러 주는 교육을 한다.

신은 모든 곳에 다 있을 수 없으므로 어머니를 만들었다.

유대인의 속담

1 공부를 왜 열심히 해야 하는가?

> 부를 창조하는 원동력은 교육에서 나온다.
> 세계적인 미래학자 앨빈 토플러

교육의 중요성은 아무리 강조해도 지나치지 않다(We cannot emphasize the importance of education too highly).

교육 수준이 높은 나라가 선진국이고, 따라서 정치·경제·문화 수준이 높다. 교육 수준이 높은 사람이 대체적으로 잘산다.

개화기 그리고 일제시대와 해방 후 배움에 목말랐던 시기에 '아는 것이 힘이다', '배워야 산다' 등의 슬로건을 내세워 여러 가지 어려움을 무릅쓰고 열심히 가르치고 배우려 하였다.

1920년대 후반~1930년대 초까지 우리나라 사람 가운데 90퍼센트가 글을 읽을 줄 몰랐다. 해방되던 1945년 문맹률은 77.8퍼센트였다고 한다. 그러나 우리나라 사람들의 극성스러운 교육열 때문에 오늘날 문맹률이 크게 감소되었다. 2008년 국립국어

연구원의 조사에 따르면, 문맹률은 성인 인구의 1.75퍼센트로 집계되었다.

6·25 전쟁이 끝나고 휴전이 성립되었던 1953년 남한의 국민소득은 57달러로 북한보다 낮았으나 1969년부터 북한을 앞서게 되었고, 지금은 여러 나라가 부러워하는 세계 10위권의 경제 대국이 되었다.

현대 경영학의 아버지 피터 드러커는 서구가 250년, 일본이 130년 이상이나 걸려서 이룩한 산업화를 한국은 겨우 30~40년 만에 이루었다고 감탄했다.

아주 짧은 기간에 기적에 가까울 정도로 경제가 크게 발전하여 60년 만에 농경 사회(제1물결) → 산업화 사회(제2물결) → 정보화 사회(제3물결)로 발전하게 되었는데, 이것은 세계사에 그 유례가 없는 것이다.

이와 같은 발전은 우리나라 사람들의 무서운 교육열과 극성스러운 부지런함에 있었다는 것을 누구도 부정할 수 없을 것이다.

피터 드러커는 "부존자원이 없는 후진국에서 지식이 가장 중요한 생산요소이다"라고 하였다.

그는 또한 1960년대 말에 앞으로는 지식이 지배하는 사회가 도래할 것이라고 예견하고 지식 사회에서는 지식만이 사회적 지위를 얻고 경제적인 성과를 얻을 수 있는 유일한 생산수단이 될 것이라고 주장하였다.

그리고 한국이 아주 짧은 기간에 큰 경제적 성과를 낼 수 있었던 것은 교육 수준이 높고 업무 성취도가 뛰어난 전문가와 경영자 등 많은 지식인을 양성해 냈기 때문이라고 그는 주장하였다.

지식정보 사회의 핵심 자원은 인적 자원이다. 인재가 기업과 국가의 경쟁력인 것이다.

지식정보 사회에서 국가의 경쟁력은 교육으로부터 나온다. 교육은 지식을 낳고, 지식은 창의적인 인재를 낳는다. 그리고 인재는 경제적 부를 낳아 희망찬 미래를 만들게 되는 것이다.

교육이 사람을 만들고, 사람이 세상을 바꾸는 것이다.

전 세계 인구의 0.2퍼센트를 차지하는 유대인들(미국 인구의 약 2퍼센트인 500만 명이 미국에 거주)이 노벨상 수상자 가운데 22퍼센트를 차지했다.

하버드 대학생 가운데 30퍼센트 이상, 예일 대학생 가운데 25퍼센트 이상이 유대인이다.

미국의 유명 대학교수 가운데 유대인이 30~40퍼센트를 차지하고 있으며 미국의 변호사 가운데 40퍼센트가량이 유대인이다. 그리고 세계 50대 기업 가운데 21개를 유대인이 지배하고 있고, 《뉴욕타임스》, 《워싱턴포스트》 등 주요 신문사, NBC, ABC, CBS 등 주요 방송국을 지배하고 있을 뿐만 아니라 할리우드의 영화 산업도 유대인들이 지배하고 있다.

이스라엘 인구 약 600만 명이 13억 인구의 이슬람권과의 네 차례에 걸친 중동전쟁에서 모두 일방적으로 승리를 거두었다.

이와 같은 유대인의 거대한 힘은 어디에서 나오는 것일까? 바로 교육과 종교에서 나오는 것이다.

유대인들은 어려서부터 배우는 데 게을리하지 않는다. 유대인들은 어려서부터 '인생의 최대 목표는 공부하는 것'이라는 가르침을 받고, 그리고 배운 내용을 실천하는 것을 중요하게 생각한다. 유대인에게는 문맹자가 없다고 한다. 그만큼 교육을 중요하게 생각했기 때문이다.

유대인은 기원전에 로마군이 예루살렘을 함락하여 팔레스타인에서 쫓겨나 나라를 잃고 2천 년 이상 세계 여러 나라에 흩어져 살면서 이민족의 천대와 박해를 받으면서도 민족정신과 고유신앙을 굳게 지키면서 살아 왔다. 이와 같은 역경 속에서도 민족의 장래는 교육에 있다고 생각해서 유대인들은 교육을 크게 중요시하였다.

마이크로소프트 사의 창업자이자 컴퓨터의 황제 빌 게이츠는 지식이 최대의 재산이라고 하였다.

기술혁신 이론의 창시자인 미국 스탠포드 경영대학원 폴 토머 교수는 경제성장은 기술혁신이 이끌고, 혁신의 기반은 교육이라고 주장하면서 교육 투자를 강조하였다.

21세기 지식정보화 시대에 창의력을 지닌 인재를 길러 내는 것이 교육의 경쟁력인 것이다.

지식이 곧 힘이고 진리이다(Knowledge itself is power and truth).

우리나라의 삼성전자가 세계적인 초일류 기업으로 성장한 것도 창의적인 훌륭한 인재를 많이 채용했기 때문이다. 2006년을 기준으로 박사가 3,000명이나 근무하고 있다. 2006년 매출액은 GDP(국내총생산)의 1/6, 수출은 우리나라 전체의 1/5을 차지하였다.

삼성의 이건희 회장은 '한 명의 창의적인 인재가 신기술 하나를 개발하면, 몇만 명 또는 몇십만 명을 먹여 살릴 수 있다'고 주장한다. 그리하여 삼성전자의 CEO들은 국내는 말할 것도 없고, 미국이나 유럽 등 여러 나라에서 우수한 인재를 스카우트하려고 노력한다. 기업의 미래가 인재에 따라 좌우된다고 생각하기 때문이다.

빌 게이츠는 "핵심적인 인재 20명이 없다면 오늘날의 마이크로소프트는 없다"고 말하였다.

영국 런던 대학의 앨리슨 울프 교수는 '뛰어난 대학에서 공부한 뛰어난 인재만이 국가의 생산성을 높일 수 있다'는 연구 결과를 내놓았다.

21세기가 요구하는 것은 폭넓은 지식으로 무장한 창의적인 사람이다.

무슨 일이든 때가 있게 마련이다. 때를 놓쳐서는 안 된다(Make hay while the sun shines).

사람의 운명은 대체적으로 학창 시절에 결정된다고 할 수 있다. 학창 시절에 한눈팔지 않고 열심히 공부한 사람이 성공한다.

열심히 공부했기 때문에 일류 대학에 입학할 수 있는 것이다. 우리나라에서 대졸자가 고졸자보다 45~50퍼센트가량 월급을 더 받는다. 미국에서는 65퍼센트가량 더 받는다고 한다.

명문대를 졸업하면 좋은 점이 무엇일까.
① 자긍심을 갖게 된다. 자긍심 때문에 자신감을 가지고 노력하게 된다. 자녀들도 자긍심을 갖고 열심히 노력하게 된다.
② 우수한 두뇌 집단이 모여 있어 치열하게 서로 선의의 경쟁을 한다. 경쟁을 통해 자기발전을 도모할 수 있다.
③ 취업하기 쉽다. 훌륭한 인맥으로 출세하는 데 크게 도움이 된다.
④ 주위로부터 인정받고 보람되게 살 수 있다.

뛰어난 사람이 되느냐 또는 평범한 사람이 되느냐. 편안하게 사느냐 또는 고통스럽게 사느냐. 경제적으로 여유 있게 사느냐 또는 경제적으로 쪼들리면서 사느냐는 바로 학창 시절에 결정되는 것이다. 고등학교 졸업 후 20년 또는 30년이 지난 뒤 상당한 사회적 지위를 누리고 있는 동창생이 있는가 하면 매우 초라한 신세로 살아가는 동창생도 있다.

학창 시절이 그 뒤 몇십 년의 인생을 지배하게 되는 것이다. 뿐만 아니라 자손들에게까지 영향을 주게 된다. 지식은 신분상승의 기회를 가져온다.

자녀들에게 부모를 위해 공부하는 것이 아니라, 자기 자신을 위해 공부를 열심히 해야 한다는 것을 확실하게 인식시켜 주어야 할 것이다.

열심히 공부했기 때문에 아는 것이 많고, 아는 것이 많은 것만큼 창의력과 판단력이 뛰어나게 되는 것이다. 높이 나는 새가 더 멀리, 더 넓게 볼 수가 있다. 실력이 있어야 성공할 수 있는 것이다.

역사의 변화는 창조적인 소수에 의해 주도된다.
영국의 역사학자 토인비

2 가장 좋은 교육장소는 가정이다

> 왕이건 농부건 가정에서 행복을 찾을 수 있는 사람이 가장 행복하다.
> 볼프강 괴테

가정보다 더 좋은 곳은 없다(There is no place like home).

집은 살 수 있어도, 가정은 살 수 없는 것이다. 가정은 모든 것을 감싸주는 영원한 안식처이다. 가정은 인간의 첫 번째 학교이다. 인간의 삶이란 가정에서 시작되고 가정에서 마무리된다.

가족은 인간관계의 출발점이다. 가족만큼 친밀한 관계는 없다. 큰 죄를 지어서 사회가 용서해 주지 않더라도, 가족은 용서하고 따뜻하게 감싸준다. 어려울 때 마지막까지 우리 곁을 지켜주는 사람은 가족이다.

테레사 수녀가 노벨 평화상을 받을 때 "세계평화를 위해 우리가 무엇을 할 수 있습니까?"라는 질문을 받자, "집에 가서 가족을 사랑하세요"라고 대답했다고 한다. 가족이 건전해야 사회가 건전해지고, 사회가 건전해야 국가의 위상이 바로 설 수 있는 것이다.

교육학자들의 연구에 따르면 가정 환경이 학업에 미치는 영향이 20~50퍼센트나 된다고 한다.

가정의 교육이 자녀의 장래를 좌우한다고 할 수 있다.

그렇기 때문에 부모들은 언행에 모범을 보여야 한다. 자식은 부모를 닮는다.

가정은 교육의 출발점이고, 평생 교육의 장소이다. 그리하여 유대인들은 금요일 오후부터 토요일 오후까지를 안식일로 정해 놓고, 그 시간에는 집에서 100미터 이상을 나가지 않고 온 가족이 집에 머무르면서 아버지가 자녀들에게 성서나 4천 년 동안 내려온 유대인의 생활 규범과 삶의 지혜를 담은 《탈무드》를 가르치고, 유대 민족의 우수성을 빛낸 인물들에 대한 이야기를 들려 준다. 그리고 질문하고 토론을 벌인다. 이런 과정을 거쳐 자식들이 지혜를 쌓고, 상상력과 창의력을 키우게 된다. 미국에서 발표된 연구에 따르면, 종족별로 정서장애자를 조사한 결과 그 비율이 가장 낮은 민족이 유대인이다. 그 이유는 가정 교육이 훌륭했기 때문이라는 것이다.

학교나 학원에서보다 가정에서 더 많은 교육이 이루어진다.

가정에서 어려서부터 성격·습관·가치관이 대부분 형성되고, 인성 교육이 이루어지며, 대인 관계의 능력이 키워진다.

취학 이전에 이미 기본적인 성격의 틀이 형성된다는 학설이 지배적인 것을 보더라도 영유아기의 가정 교육이 얼마나 중요한 것인가를 알 수 있다.

부모의 학력 수준이 높고, 전문 직종에 종사하는 가정의 자제들이, 그리고 책이 많이 있는 가정의 자제들이 공부를 잘한다는 직업능력개발원의 조사도 있다.

한국교육평가원에서 조사·분석한 바에 따르면, 부모와 자주 대화를 나누는 학생이 대화를 전혀 나누지 않는 학생보다 과목별 평균 점수가 최대 25점이나 높았다고 한다.

부모들이 직장에서 힘들게 일하고 난 다음에도 즐거운 것은, 아이들이 학교나 학원에서 공부하느라고 지쳐 있어도 즐거운 것은, 그리고 여행이 즐거운 것은 돌아갈 수 있는 가정이 있기 때문이다. 가정이 있기에 사람은 행복할 수 있다. 아이들에게 가정의 소중함을 가르쳐야 할 것이다.

> 자식이 열이라도 자식에 대한 부모의 마음은
> 부모에 대한 열 자식의 마음을 훨씬 능가한다.
>
> 독일의 작가 장 파울

3 가장 훌륭한 선생님은 부모이다

> 이미 수천 번도 넘게 말했지만, 나는 이 자리에서 한 번 더 말하고 싶다.
> 세상에서 부모가 되는 것보다 더 중요한 직업은 없다.
>
> 미국의 토크쇼 진행자 오프라 윈프리

피는 물보다 진하다(Blood is thicker than water).

개인의 생명은 짧지만, 핏줄은 계속된다. 가족이 있기에 희망이 있고, 행복해질 수가 있는 것이다. 어려울 때 우리에게 위로를 주고 도움을 주는 것이 가족이다. 가족이 곁에 있다고 생각하는 것만으로도 힘이 되는 것이다. 무엇보다 중요한 것 가운데 하나는 가족이 화목해야 한다는 것이다. 가족들 사이가 화목하지 못하면, 그 집안의 아이들은 정서적으로 불안하여 제대로 공부할 수가 없고, 성격이 좋지 않은 방향으로 변할 수가 있는 것이다. 부모가 자주 다투고, 자주 신경질내고 가정불화가 일어나면 자식은 불안에 휩싸이게 되고 정신적으로 큰 충격을 받게 된다.

가화만사성(家和萬事成). 집안이 화목해야 모든 일이 잘 풀린다.

가족이 화목하고 형제들 사이에 우애와 신뢰가 깊은 가족을 만들어야 한다.

가족은 너무 가깝고, 자주 접촉하다 보니 사소한 의견 충돌로 사이가 나빠지기도 한다. 그러나 가족들 사이의 다툼은 물거품과 같은 것으로 싱겁게 빨리 끝난다. 그야말로 칼로 물을 베는 것과 같다.

화목한 가정에서 자란 아이들이 공부도 잘하고, 성공적인 사회생활을 해 나갈 수 있다. 가정에서 교육을 제대로 받은 아이와 그렇지 못한 아이를 비교하면 큰 차이가 있다.

부전자전(父傳子傳, Like father, like son 또는 The apple doesn't fall far from the tree).

자식은 부모를 닮는다고 한다. 부모를 보고 배우기 때문이다. 아이는 부모의 복사판이다. 그렇기 때문에 부모는 언제나 언행에서 모범을 보여야 한다.

아이들은 모방성이 강하기 때문에 부모의 모든 언행을 의식적으로나 무의식적으로 배우게 된다. 부모는 자녀에게 평생 교사이며 모델이기 때문에 가정에서 부모의 역할은 한없이 중요한 것이다.

오늘날 우리나라에서는 일반적으로 자녀 교육은 어머니의 몫이라고 생각하는데, 그것은 잘못된 생각이라고 할 수 있다. 자녀 교육에는 어머니의 역할 못지않게 아버지의 역할도 중요하다. 유대인 사회에서는 자녀 교육에 무관심한 아버지는 자격이 없다고 말한다.

옥스퍼드 대학에서 40여 년에 걸쳐 연구한 바에 따르면, 자녀가 7세가 되었을 무렵 아버지가 양육에 적극 참여한 경우, 그 자녀의 학업 성적에 좋은 영향을 끼친다는 것이다.

아이들이 학교에서 집에 돌아왔을 때 제일 먼저 찾는 사람이 어머니이다. 어머니가 집에 없을 경우 아이들은 서운하게 생각하고 크게 실망하여 마음의 안정을 잃어버리게 되어 제대로 공부가 안 된다. 부모는 누구나 이런 경험이 있을 것이다.

부모들은 학창 시절의 경험을 살려, 이를 참고해서 자녀를 키운다면 크게 도움이 될 것이다. 자녀들이 학교에서 자율학습을 하거나, 도서관이나 학원에서 공부하고 밤늦게 집에 돌아왔을 때 집에 부모가 없거나, 잠자고 있다면 자녀들은 너무나 허전하고 고아가 된 기분이 들게 된다.

특히, 자녀들이 중간·기말고사를 위해 공부할 때, 또는 입시 준비를 위해 공부할 때 부모는 반드시 집을 지켜야 한다.

자녀들이 밤늦게까지 공부할 때 부모가 곁에 있으면 심리적으로 안도감이 생겨 공부가 잘될 수 있다. 자녀들에게 '공부하라' 해놓고 부모가 TV를 시청하거나 외출 또는 여행을 떠나서는 안 된다. 부모는 거실에서 책을 보거나 공부하는 것이 좋다.

  부모가 자녀를 교육하는 데 중요한 것 가운데 하나는 부모와 자녀 사이의 신뢰이다.
  부모와 자녀 사이에 불신이 생겨나면 자녀는 공부하려는 의욕을 잃게 된다. 부모가 자식에게 확실한 신뢰를 주어야 자신감을 가지고 공부할 수 있다.
  부모가 자녀들로부터 존경과 신뢰를 받아야 자녀들을 제대로 가르칠 수가 있다. 그래야 부모의 말이 자녀들에게 먹힐 수가 있는 것이다.
  서울대 신종호 교육학 교수가 연구한 바에 따르면, 부모의 신뢰가 학습에 큰 영향을 준다고 한다.
  부모는 자녀에게 영원한 스승이다. 부모의 역할이 중요하기 때문에 모범적인 부모가 되는 방법을 배워야 할 것이다.
  위인들의 뒤에는 현명한 어머니들의 헌신적인 뒷받침이 있었다. 그 대표적인 인물로는 율곡 이이, 에디슨, 프로이트 등을 들 수 있다.
  하루가 다르게 지식 정보가 크게 증가하고 있는 오늘날, 부모는 자녀를 효과적으로 잘 가르치기 위해서 꾸준히 공부해야 할 것이다.

그리고 자녀를 교육시키는 데에는 부모의 확실한 교육 방침이 필요하다. 일관성 없이 자녀를 교육하는 부모가 반항적인 아이를 키운다는 연구도 있다. 부모는 일치된 교육 방침에 따라 자녀를 지도해야 한다.

프랑스의 계몽 사상가이자 교육학자인 루소는 "100명의 유명한 스승보다 한 명의 평범한 어머니가 더 낫다"고 주장하였다. 인간답게 사는 것, 부모다운 사람이 되는 것은 쉽지 않다. 그리고 자식을 낳기도 쉽지 않지만 자식답게 키우는 것은 더욱 어렵다. 부모에게는 최선을 다해 자식을 키울 신성한 의무가 있는 것이다.

아들을 위한 맥아더 장군의 기도문

주여, 제 아들을 이렇게 만들어 주소서.
정직한 패배에 부끄러워하지 않고 꿋꿋하며

승리에 겸손하고 온유하게 하소서.

비오니 그를 평탄하고 안이한 길이 아니라
고난과 도전과 긴장과 자극 속으로 인도해 주옵소서.
그래서 폭풍우 속에서 분연히 일어설 줄 알고
넘어지는 사람들에 대한 연민을 배우게 하소서.

마음이 맑으며 높은 목표를 갖고
남을 다스리려 하기 전에 먼저 자신을 다스리고,
소리 내어 웃을 줄 알되 울 줄도 알고
미래로 나아가되 결코 과거를 잊지 않는 아들로 만들어 주소서.

4
과외가 만능이라고 생각하는 환상에서 벗어나야 한다

인간은 태어날 때부터 알려는 욕구를 가지고 있다.
그리스 철학자 아리스토텔레스

한국은 세계 최고의 과외 공화국이다. 우리나라의 학부모들과 학생들은 사교육의 노예가 되었다. 심한 과외중독증에 걸려 헤어나지 못하고 있다.

한국의 사교육비는 세계 최고이다. 현재 우리의 사교육비는 1년에 약 30조 원으로 추정되고 있다(2009년도 국가 예산은 284조 5천억 원이다). 실로 엄청난 액수이다. 더 심각한 것은 사교육비가 해마다 가파르게 상승하고 있다는 것이다.

청소년정책연구원이 조사한 바에 따르면, 한국의 청소년들이 1주일에 공부하는 시간이 경제협력개발기구(OECD) 국가의 평균보다 15시간이 많다고 한다.

과외 망국이라고 개탄하는 사람들이 많다. 과외에 쏟아 붓는 엄청난 비용과 시간에 비해 과연 얼마나 효과가 있는 것인지 매우 의심스럽다.

놀랄 만한 교육열로만 보면, 우리나라에서 벌써 노벨상을 받은 사람이 여러 명 배출되고, 최고의 경제대국이 되었어야 할 것이다. 그러나 현실은 그렇지 못하다. 여기에 우리나라 교육의 고민이 있는 것이다.

과외비 부담 때문에 많은 학부모들이 고통을 당하고 있다. 사교육비를 마련하려고 어머니들이 아르바이트를 하고 허리띠를 졸라매야 하는 실정이다. 과외비 때문에 저출산 현상이 확산되어 앞으로 경제 성장에 큰 지장을 가져올 것이라는 주장이 설득력을 얻고 있다.

교육은 정직한 투자라고 한다. 투자한 만큼 효과가 있어야 하는데, 전혀 그렇지 못한 것이 우리나라 교육의 서글픈 현실이다.

과외도 일종의 유행이라 할 수 있다. 남의 집 자녀들은 과외 공부하는데, 자기 자녀가 그 과목을 과외 받지 않으면 불안하게 생각하고, 소외당하는 느낌을 받는다. 그래서 덩달아 묻지마 과외를 시키는 것이다.

부모가 학창 시절에 경제 사정 등으로 제대로 공부하지 못한 것을 한탄해서 과외를 시키거나, 또는 자신이 이루지 못했던 젊은 날의 꿈을 자녀를 통해 이루고자 하는 허영심이나 과시욕으로, 또는 대리 만족을 위해 자녀들을 극성스러울 정도로 공부시키는 경우가 많다.

과외 공부를 해야 성적이 올라간다는 환상적인 과외 만능주의에서 벗어나야 한다. 과외는 어디까지나 선택이지 필수가 아니라는 것을 명심해야 한다. 부모의 확고하고 주관적인 현명한 교육 철학이 자녀를 올바르게 키울 수 있다.

모든 과목을 과외 받아야 한다고 생각해서는 안 된다. 부족한 과목을 보충하는 정도로 그치고, 나머지 과목은 학교 수업에 충실하면서 스스로 공부해 나가게 해야 한다.

학원에 다니는 것은 실제로 많은 시간을 허비하게 마련이다. 학원에 가는 시간, 학원에서 집으로 오는 시간, 학원에서 배울 내용을 예습하는 시간, 학원 숙제를 하는 시간, 학원에서 배운 내용을 복습하는 시간 등 많은 시간이 필요하다. 학원에서 배운 내용을 한 번 복습하는 것으로 끝나지 않고, 몇 번이나 반복해서 공부해야 한다.

그러니 학원에 다니는 것이 얼마나 많은 시간이 소모되는 것인가? 학원에서 배우는 내용이란 결국 학교 교육과정을 공부하는 것이다. 학교에서 배우는 내용과 학원에서 배우는 내용이 거의 중복되는 것이다.

사람들의 기본적인 욕구 가운데 하나가 자율성이다.

누구의 강요에 의해서가 아니라, 스스로 좋아서 하는 일을 할 때 더 능률적이다.

그런데 우리나라에서는 학생 본인은 원치도 않는데 부모의 강요에 떠밀려 학원을 다니는 경우가 많은 실정이다.

공자는 《논어》에서 과유불급(過猶不及)이라는 말을 했다. 너무 지나친 것은 부족한 것보다 못하다는 뜻이다.

과외도 적당하면 약이 되고, 지나치면 오히려 독이 된다.

사교육을 제대로 활용한다면 공교육의 약점을 보완할 수 있고 성적도 올라갈 수 있다.

과외에 시달린 아이들 가운데 막상 중요한 고등학교 때는 공부가 지겨워 옆길로 새거나 학교 성적이 크게 떨어져 부모를 애타게 하는 경우가 많다.

요즈음 선행학습이 크게 성행하고 있다. 초등학교 6학년 학생들 가운데는 고등학교 과정인 《수학의 정석》을, 고등학교 수준의 영어를 학원에서 배우고 있는 학생들이 많은 것이다. 이와 같이 지나친 선행학습이 바람직한 것인가? 결코 그렇지 않다고 본다. 유행에 휩쓸려 학생들이 자기 실력 수준에 비해 훨씬 어려운 교재를 공부하게 되는 경우가 많다. 그렇게 되면 시간낭비이고 실력이 향상되기를 바랄 수가 없다. 수준에 맞게 공부해야 성과가 있게 되는 것이다.

선행학습은 공부에 대한 호기심을 떨어뜨리고, 따라서 창의적인 사고력도 떨어뜨린다. 스스로 탐구해야 창의력을 키울 수 있는 것이다.

학원에서 선행학습을 받은 학생은 이미 배운 것이기에 학교 수업에 흥미를 잃고 수업 시간에 학원 숙제를 하거나, 잠만 자거나, 딴짓을 하는 경우가 많다. 엄청난 시간 낭비이다.

대체적으로 학원에서 보내는 시간보다 학교에서 보내는 시간이 더 많은데, 학교에서 그 많은 시간을 어리석게도 헛되이 보내는 것이다.

학원에서 이미 배운 내용이라고 생각하여 학교 수업에 소홀해서는 안 된다. 상위권에 속하는 공부 잘하는 학생들은 이미 학원에서 배웠어도 수업 시간의 과목을 복습하고, 암기하는 과정으로 생각한다.

싫어하는 선생님 또는 실력이 없다고 생각하는 선생님의 수업 시간에 눈치를 보면서 몰래 다른 과목을 공부하는 학생들도 많다. 선생의 눈을 속여가면서 공부해야 하기 때문에 불안해서 집중력이 떨어진다. 그렇기 때문에 그 수업 시간에는 그 과목을 복습하거나 암기하는 것이 좋다.

과목마다 원리나 개념을 배우는 것이 중요하다. 그런데 학원에서는 떠먹이기식의 기계적인 주입식 교육을 하기 때문에 응용력·창의력·사고력·비판력이 키워질 수가 없다.

교과서를 글자 하나하나 안 틀리게 달달 외워 정답을 찾는 공부가 아니라, 스스로 탐구하여 해답을 찾는 교육이 필요한 것이다.

학원에 다녀서 효과를 보는 학생은 20퍼센트에 지나지 않는다는 연구 결과를 명심할 필요가 있다.

해마다 학력고사(대학수학능력고사)에서 전국 수석을 차지한 학생들의 인터뷰에서 "어떻게 공부했는가"라는 질문에 대한 공통적인 대답은 "학교 수업에 충실"했고, "예습과 복습을 철저히 했다"는 것이다. 이런 말은 결코 언론에서 꾸며낸 것이 아니다. 의심할 여지없는 사실임을 믿어야 한다.

대학수학능력고사 성적이 상위 0.1퍼센트 안에 들었던 학생들은 예습보다 복습에 중점을 두었고, 59퍼센트가 과외를 받은 경험이 없다고 대답했다.

학교 수업을 소홀히 하고, 과외에 너무 매달려서는 학교 성적이 좋을 수 없고, 수능에서도 좋은 점수를 받을 수 없다. 어디까지나 학교 수업에 충실해야 한다.

학원 선생님이 학교 선생님보다 실력이 더 좋을 것이라는 막연한 고정관념에서 벗어나야 한다. 학교에는 학원 선생님보다 실력이 훨씬 뛰어난 선생님이 많다는 것을 명심해야 할 것이다.

과외 공부를 많이 해서 대학에 들어간 학생은, 대학생 때의 성적이 좋지 않다는 조사가 있다. 서울에 있는 일류 대학의 학생들을 대상으로 조사한 결과, 과외를 받지 않은 학생의 성적과 생활 적응도가 과외를 받은 학생들에 견주어 좋은 것으로 나타났다.

과외는 공부하는 과정에서 의존심을 키워 스스로 공부하려는 의지를 약화시키기도 한다. 학원에서 공부하는 시간보다 스스로 계획을 세워 집이나 도서관에서 공부하는 자기주도적인 학습이 중요하다.

요새 자기주도적인 학습 방법이 매우 효과가 높다는 사실이 알려지면서, 많은 학부모와 학생들이 자기주도적 학습 방법을 배우려고 그런 강의를 하는 학원으로 몰려들고 있는 실정이다.

학생 자신은 원치 않는데, 부모의 강요에 따라 타율적으로 하는 공부는 별로 효과가 없다.

특히 중·고등학교 다닐 때에는 학원에 다니는 시간보다는 복습하는 시간을 훨씬 더 많이 가져야 한다. 1시간 배운 것을 자기 것으로 만들려면 그 몇 배의 시간이 필요하다.

반복해서 복습해야 하는 것이다. 어떤 영어 단어나 역사적

사실을 몇십 번을 외워도 잊어버리는 경우가 많다. 공부 잘할 수 있는 비결 가운데 하나는 반복 학습이다.

지금 공교육이 무너지고 있다고 아우성인데, 여기에는 정부·학교·교사의 책임도 크겠지만, 그것보다는 공교육을 불신하고 사교육에만 의지하려는 학부모들의 과외 만능주의에 더 큰 책임이 있다고 할 수 있다.

지금 우리나라에서는 학교에서 공부하는 것보다 학원에서 공부하는 것을 더 중요시하는데, 이것은 크게 잘못된 것이다. 그야말로 주객이 전도된 것이다.

2008년의 통계에 따르면 우리나라에는 4년제 대학 199개, 전문대학이 144개가 있다고 한다. 대학 진학률이 고교 졸업생의 약 84퍼센트로 세계 1위다. 선진국들의 대학 진학률을 보면, 미국이 63퍼센트, 프랑스는 56퍼센트, 일본이 51퍼센트 정도이다. 대학생 수는 인구에 비례해서 단연코 세계 1위다.

지금 한국에서는 대학 풍년이고 대학생도 풍년이다. 이처럼 양적으로 크게 팽창하였으나, 질적인 면에서는 너무나 형편없는 실정이다.

국가 경쟁력 평가원인 스위스 국제경영개발연구원(IMD)의

2009년도 보고서에 따르면, 한국의 교육 부문 경쟁력은 57개국 가운데 36위다. 무엇보다 대학이 양질의 기술 인력을 제대로 공급하지 못한다는 평가를 받았다. 기업이나 사회가 요구하는 유능한 인재를 제대로 공급하지 못한다는 것이다. 엄청난 교육 투자에도 그 성과는 초라하다고 할 수 있다.

현재 우리 교육이 산업 현장에서 필요로 하는 인재를 양성하지 못하여 청년 실업자가 해마다 증가하고 있다. 인재 양성에서 수요와 공급의 균형이 이루어지고 있지 못하다. 여기에 우리 대학 교육의 큰 문제점이 있다.

우리나라에는 인구에 비추어 대학과 대학생이 너무 많다. 경쟁력을 높이기 위한 개혁과 구조 조정이 이루어져야 한다는 목소리가 높다.

지금은 무한 경쟁시대, 치열한 적자생존(the survival of the fittest)의 시대이기 때문에 살아남는 길은 오직 실력뿐이다. 실력이란 콩나물 자라듯이 그렇게 빨리 쌓이는 것이 아니다. 꾸준히 노력하고 노력하는 가운데 조금씩 조금씩 실력이 쌓이는 것이다. '로마는 하루아침에 이루어지지 않았다'(Rome was not built in a day)는 평범한 진리를 기억해야 할 것이다.

미국 하버드 대학 학생들의 낙서

1. 지금 잠을 자면 꿈을 꾸지만, 지금 공부하면 꿈을 이룬다.
2. 내가 헛되이 보낸 오늘은, 어제 죽은 이가 그렇게 갈망하던 내일이다.
3. 오늘 보낸 하루는 내일 다시 돌아오지 않는다.
4. 오늘 걷지 않으면, 내일 뛰어야 한다.
5. 늦었다고 생각할 때가 가장 빠른 때이다.
6. 공부할 때의 고통은 잠깐이지만, 못 배운 고통은 평생이다.
7. 성공은 투자한 시간의 절대량에 비례한다.
8. 불가능이란 노력하지 않는 자의 변명이다.
9. 눈이 감기는가? 그럼 미래를 향한 눈도 감긴다.
10. 매일 한 시간 더 노력하면, 결혼 상대의 얼굴이 달라진다.
11. 행복은 성적순이 아닐지 몰라도, 성공은 성적순이다.

5. 공부하는 방법을 배워야 한다

> 물고기 한 마리를 주면 하루밖에 살지 못하지만,
> 물고기 잡는 방법을 가르치면 평생 살 수 있다.
> — 유대인의 속담

    공부에 절대적인 왕도(王道)가 없다고 하지만, 시간을 절약하면서 더욱 효과를 볼 수 있는 확실한 방법이나 요령은 있다.

    공부하는 방법을 배운 사람이 진정으로 배운 사람이라고 말한 학자도 있다. 공부할 때 요령이나 방법은 매우 중요하다고 할 수 있다.

    농사짓는 방법을 제대로 알고 농사짓는 사람과 그렇지 못한 사람 사이에는 그 성과는 크게 차이가 나게 마련이다.

    공부도 마찬가지로 공부 방법이나 요령을 제대로 알고 공부하는 학생이 그렇지 못한 학생보다 더 좋은 성적을 올릴 수 있는 것은 너무나 당연하다. 우등생과 열등생의 차이는 공부 방법에 있다고 할 수 있다.

근래 우리나라 학생들 대부분이 어려서부터 대학에 진학할 때까지 열심히 학원에 다닌다. 그러나 성적 차이가 벌어져 좋은 대학에 진학하는 학생이 있는가 하면 그다지 알려져 있지 않은 대학에도 진학하지 못하는 학생도 있다.

중요한 것은 학습 방법과 태도이다.

부모들은 학창 시절에 공부했던 경험을 최대한 살려서, 또는 학습 방법에 관한 책을 읽거나, 전문가로부터 배워서 자녀들에게 공부하는 방법을 가르쳐야 한다.

자녀들이 공부하는 방법을 제대로 알아야 스스로 공부할 수 있는 자기 주도의 학습 능력을 갖출 수 있는 것이다.

여러 학원을 열심히 다닌다고 해서, 책상에 오래 앉아 공부한다고 해서 성적이 올라가는 것이 아니다. 무엇보다 중요한 것은 첫째, 왜 공부를 열심히 해야 하는가에 대한 동기 부여를 해서 공부하려는 의욕을 높여주는 것이다. 둘째로 중요한 것은 학습 방법과 태도이다. 자기 수준에 맞추어 자신에 맞는 공부 방법을 터득해야 한다.

학교나 학원의 등록금을 대주고, 열심히 공부해야 한다고 말하는 것으로 부모의 책임이 끝나는 것이 아니다.

열심히 공부하는데도 성적이 좋지 않은 학생들이 많다. 그 원인은 대부분 공부 방법이 잘못된 경우가 많은 것이다. 이럴 때 부모들은 자녀들의 잘못된 공부 방법이나 습관을 빨리 발견해서 고쳐주어야 할 것이다.

각 과목마다 보다 효과적으로 공부하는 요령이 있게 마련이다. 선생님들은 학생들이 보다 흥미롭게 공부하고, 쉽게 이해할 수 있는 교수 방법을 개발해서 가르쳐야 할 것이고, 학생들은 쉽게, 그리고 즐겁게 공부하는 방법을 배워야 할 것이다.

성적이 좋지 않은 학생은 공부 잘하는 학생의 공부 방법을 배우거나 모방하는 것도 바람직하다.

미래학자 앨빈 토플러는 그의 저서 《미래의 충격》에서 '학습 방법을 배우지 않는 자는 문맹자가 될 것이다'라고 썼다.

지식정보가 급속도로 팽창하고 있는 이 시대에 효과적인 공부 방법을 배우는 것은 매우 중요하다고 할 수 있다. 급격하게 변하는 시대의 흐름을 제대로 읽어내려면 꾸준히 공부해야 한다. 배우는 것은 시작은 있어도 끝이 없다. 학창 시절이 끝났다고 공부가 끝나는 것이 아니다. 평생학습이란 말이 있다. 살아있는 한 계속 공부해야 하는 것이다.

급격하게 변화하는 지식 사회에서 학습을 멈추면 나이에 관계없이 늙은 사람이다.
반대로 끊임없이 배우는 사람은 나이와 관계없이 젊은 사람이다.

미국 시카고 대학 심리학 교수 미하이 칙센트미하이

6 자기 주도적인 학습이 매우 중요하다

> 계획을 세우는 데 보내는 1시간은
> 그것을 시행하는 과정에서 2~3시간을 절약할 수 있다.
> 듀폰 사 경영자 그린 월트

한국교육개발원이 서울 지역 고교 2학년생을 과목별로 200명씩 선정하여 중1부터 5년 동안 성적과 과외 여부 및 학습 태도의 상관 관계를 분석했더니, 성적을 향상시키는 데에는 과외보다 올바른 학습 태도와 학습 환경이 더 중요하다는 결과가 나왔다.

하루 가운데 일정 시간은 반드시 자율적으로 학습할 수 있도록 해야 한다. 스스로 학습 계획을 세워서 자발적으로 공부하는 자기 주도적 학습(Self-Directed Learning)이 중요한 것이다.

어느 누구의 강요를 받지 않고 학생 자신이 알아서 자발적으로 공부하면 스트레스 받지 않고 집중해서 공부할 수 있어 만족스러운 성취감을 맛볼 수 있다.

부모는 자녀가 공부한 내용을 점검하고 잘한 것은 칭찬해주어 스스로 공부하는 습관이 붙도록 도와주어야 한다.

이 학원 저 학원 쫓아다니다가 밤늦게 집에 돌아오는 학생에게 스스로 공부할 시간이 있을 수 없다. 계속 먹기만 하고 소화시키지 못하는 것이다. 이렇게 되면 차라리 학원에 다니지 않는 편이 더 낫다. 너무 지나치면 부족함만 못한 것이다.

우수한 성적으로 민족사관고등학교를 졸업하고 하버드 대학을 비롯해서 미국 명문대 10개 대학에 합격한 박원희 양의 어머니는 자기 주도학습이 좋은 결과를 가져왔다고 말했다.

학력고사(대학수학능력고사)에서 전국 수석을 차지한 학생에게서 발견되는 공통점은 계획을 잘 세워서 1년을 하루같이 규칙적인 생활을 하면서 꾸준히 공부했다는 것이다.

공부할 때나 어떤 일을 할 때 미리 계획을 세우면 동기 부여가 되어 의욕이 고취되고, 시간을 절약하면서 능률을 더 높일 수 있다.

스스로 공부하는 습관이 몸에 배면 집중력이 생겨나 잡념도 사라지게 된다.

공부 잘하는 학생들의 공통적인 특징

여러 전문가들의 주장을 정리해 보면 다음과 같다.

① 가정이 화목하고, 가족이 규칙적인 생활을 한다.
② 가족이 독서를 많이 하고, 대화와 토론을 즐긴다.
③ 스스로 계획을 세워서 자발적으로 공부하는 자기 주도적인 학습을 한다. 학원에 대한 의존을 줄인다.
④ 수업 시간에 정신 집중해서 강의를 듣는다. 집이나 도서관에서도 정신 집중해서 공부한다.
⑤ 끈기와 인내력이 있다. 책상에 오래 붙어있는다.
⑥ 배운 것을 철저히 반복해서 복습한다.
⑦ 즐거운 마음으로 공부한다.
⑧ 문학 작품과 신문을 읽는다.
⑨ 부모가 자식에 대해 간절한 기대를 갖고 관심을 보이면 자식은 여기에 부응하려고 더 노력하게 된다.
⑩ 잠자는 것을 잘 조절한다.
⑪ 노트 정리를 잘한다.

7 공부는 정신 집중해서 해야 효과적이다

> 아무리 타고난 재능이 있어도 집중하는 법을 배우지 못하면
> 성숙한 지능으로 발전하지 못한다. 재능의 개발에는 집중력이 중요하며,
> 집중력이야말로 모든 사고의 원동력이다.
>
> 칙센트미하이

　레오나르도 다 빈치, 뉴턴, 아인슈타인, 에디슨과 같은 위인들은 무서울 정도로 초인적인 집중력을 발휘한 천재들이었다. 그들은 각각 자기가 몸담고 있는 분야에서 열정을 가지고 미친 듯이 몰입했기 때문에 위대한 업적을 남기게 되었다. 위대한 예술 작품과 위대한 발명과 발견은 집중력(몰입)의 결과로 생겨난 것이다. 서울 공대 황농문 교수는 그의 저서 《몰입》에서 '몰입은 인생을 바꾸는 자기 혁명이며, 몰입할 때만이 자기 능력을 최대한 발휘할 수가 있다'고 하였다. 칙센트미하이 교수는 그의 저서 《몰입의 즐거움》에서 '사람들이 가장 만족하는 순간은 자신이 원하는 것에 열중할 때이다'라고 하였다.

　몰입하는 과정에서 무서운 집중력이 생겨난다.

집중력이 중요한 이유는?
① 시간과 노력의 낭비를 막아준다.
② 무슨 일을 하든지 능률이 오르게 되고, 실수하는 것을 막아준다.
③ 잠재 능력을 끌어내어 전혀 불가능하다고 생각했던 문제가 풀리게 된다.

공부를 할 때나 어떤 일을 할 때 정신 통일해서 집중해야 효과가 크다. 산만한 정신 상태에서는 제대로 효과를 거둘 수가 없다.
아무리 머리가 좋아도 정신 집중해서 공부하지 않는다면, 아무런 효과가 없다. 그리고 아무리 오래 책상 앞에 앉아 공부해도, 그리고 아무리 유능한 선생에게 강의를 들어도 정신 집중하지 않는다면 결코 실력이 향상될 수 없다.
산만한 정신 상태에서 몇 시간 공부하느니, 한 시간이라도 정신 집중해서 공부하는 것이 더 효과적이다.
한국교육개발연구원에서 서울 지역 고교생 5,000명을 대상으로 설문 조사한 결과 학업 성적 상위 10퍼센트 이내의 학생들 가운데 74.3퍼센트가 하루 3시간 이상 책상에 앉아 집중적으로 공부한 것으로 나타났다.

특수신체운동학 연구가인 고든 스톡스는 학습 장애 요인의 80퍼센트가 스트레스와 관련이 있는데, 운동으로 스트레스를 풀 수 있다고 주장하였다. 따라서 자녀들이 공부하는 데 잡념이 많고, 정신이 산만하거나 불안하고 초조한 상태에서는 정신을 집중해서 제대로 공부할 수가 없다.

음악을 들으면서 공부하는 학생들도 많은데, 크게 잘못된 것이다. 음악을 들으면서는 정신 집중해서 공부가 잘될 수가 없다. TV를 시청하면서 공부하는 것도 마찬가지다.

심리학에 주의감소화 모델이라는 것이 있다. 그것은 각자가 사용할 수 있는 주의 용량이 한정되어 있기 때문에, 어떤 한 가지에 주의를 기울이면 상대적으로 다른 것에는 그만큼 주의를 기울일 수가 없다는 것을 뜻하는 것이다. 따라서 공부하면서 음악을 듣거나 TV를 시청하면 음악과 TV에 주의를 빼앗긴 만큼 공부에 쏟을 수 있는 주의력이 감소하게 되는 것이다.

그러나 쉬는 시간을 이용하여 바흐나 모차르트의 음악을 듣는 것은 좋다고 한다. 좋은 음악은 즐거운 감정 상태를 유발시켜 공부 때문에 생겨난 압박감 등 스트레스를 완화시켜 주어 공부에 도움이 될 수가 있다.

공부할 때 몸의 자세도 좋아야 한다. 누워서 또는 엎드려 공부한다면 정신 집중이 잘될 수 없다. 정신 집중하여 몰입해서 공부할 때 효과가 크게 나타날 수 있다. 몰입하면 지루하지 않고 시간 가는 줄도 모르게 공부가 잘될 수 있다.

성적은 학원에 많이 다니고, 책상 앞에 앉아있는 시간과 비례하지 않는다. 우등생은 집중력을 관리하는 것에서부터 만들어지는 것이다.

대학수학능력고사 성적이 상위권 0.1퍼센트에 들었던 학생들을 대상으로 조사한 결과 82퍼센트가 수업 시간에 집중했고, 예습을 했는가라는 질문에 69퍼센트가 긍정적으로 답했다고 한다.

부모들은 자녀들이 정신 집중해서 공부할 수 있는 분위기를 만들어주어야 하고, 정신 집중하는 훈련을 시키는 것도 좋다.

그러나 여러 시간 계속해서 정신 집중할 수는 없는 것이다. 쉬면서 공부해야 한다. 대부분의 사람들은 60분 정도 지나면 주의가 산만해진다고 한다. 따라서 학교에서 쉬는 시간에 음악을 듣는다든가, 눈을 감고 명상을 하면서 긴장을 푸는 것이 좋다.

수학 공부를 잘하는 비법

많은 학생들이 여러 과목 가운데 특히 수학이 어렵다고 한다. 학교 성적이나 수능 고사에서 수학 점수가 큰 영향을 주게 된다. 수학이 어렵다고 생각해서 아예 포기하는 학생들도 많다.

수학을 어떻게 공부해야 성적을 올릴 수 있을까? 그 방법은 없는 것인가?

성기선 교육학 교수가 쓴 《공부의 왕도》에 실려 있는 KIST의 정우진 교수(인공지능 로봇 전공)의 수학 공부 방법을 소개한다.

① 수학은 암기 과목이다. 따라서 수학 공식을 암기한다.
② 문제를 반복적으로 풀어본다.
③ 문제 유형별로 풀이 패턴을 익힌다.
④ 수학 공식 수첩을 만든다.
⑤ 틀린 문제를 반복해서 푼다.

1979년 대입 예비고사에서 전국 여자 수석을 차지한 박영아 박사(현재 국회의원)는 수학은 풀이 과정을 어느 정도 암기하고 반복해서 문제를 푸는 것이 중요하다고 했다.

여러 번 반복해서 공부하다 보면 전에 이해하지 못했던 부분을 이해할 수 있게 된다.

이 책의 필자는 수학을 지긋지긋할 정도로 못했다. 고3 때 중학교의 기초 과정인 인수분해도 못했을 정도니까 얼마나 한심했겠는가?

그래서 학원에서 2개월 동안 수학 강의를 들었다. 학원에서 배운 내용을 20번 이상 반복해서 공부했다. 자연적으로 공식과 풀이 과정이 외워지게 되었다. 그리고 다른 수학 참고서를 여러 번 반복해서 풀어 보았다. 그 결과는? 그 당시에는 본고사 체제로 모든 문제가 주관식이었다. 상당히 좋은 점수가 나와서 합격하는 데 크게 도움이 되었다.

필자가 특히 수학을 못했던 이유는 초등학교 5학년 때 중학교 1학년으로 월반했기 때문이었다.

필자는 중학교 때 《성공으로 가는 길》이라는 책을 읽은 적이 있었다. 이 책이 수학을 못해 고민하던 필자에게 큰 자극을 주었다.

바로 가필드에 관한 이야기이다. 가필드는 자기보다 수학 성적이 뛰어난 같은 반의 학생을 따라잡으려고 열심히 노력하였다. 기숙사에서 생활하던 가필드는 자기보다 수학 성적이 뛰어난 같은 반 친구의 방에서 자기 방의 불보다 10분 늦게 꺼진다는 것을 알아낸 다음 그 친구의 방에서 불이 꺼진 다음에 10분을 더 공부해서 수학 성적이 친구보다 앞서게 되었다.

후에 가필드는 미국 20대 대통령이 되었다. 그는 취임사에서 "10분을 잘 활용하세요. 10분이 성공으로 이끌 것입니다" 라고 말하였다.

8　반복 학습이 매우 중요하다

> 21세기의 문맹자는 글을 읽을 줄 모르는 사람이 아니라,
> 학습하고 교정하고 재학습하는 능력이 없는 사람이다.
>
> 앨빈 토플러

반복과 연습이 최고다(Repetition and practice make perfect).

운동선수나 음악가들은 끊임없이 반복 연습한다. 피눈물 나는 반복 연습을 거쳐 일정한 경지에 도달하게 된다. 일정한 경지에 도달한 다음에도 연습을 계속한다.

유명한 피아니스트였던 루빈스타인은 상당한 경지에 도달한 뒤에도 매일 6시간에서 8시간씩 연습했다고 한다.

베토벤이 치던 피아노의 건반은 우묵하게 들어갔었다고 한다. 너무 많이 연습했기 때문이었다. 연습이 천재를 만든다.

1994년 서울대 수석 합격자 최지환은 《삼국지》를 15번 읽었고, 서울대 정치학 교수 최명은 《삼국지》를 25번 읽고, 그에 관한 논문도 썼다. 코오롱 그룹의 민경조 부회장은 《논어》를

1,000번 이상 읽고 《논어 경영학》이라는 책을 썼다.

조선왕조 숙종 때(17세기)의 문신 김득신은 《백이전》을 1억 1만 3천 번을 읽었다(당시의 1억은 지금의 10만을 가리키는 단위이므로 실제로 읽은 횟수는 11만 3천 번이다).

학창 시절에 공부했던 내용 가운데 가장 오래 기억에 남는 것은 고3 때 공부한 내용이다. 대입 준비를 위해 같은 내용을 반복해서 공부했기 때문이다.

영어 단어는 여러 번 외워도 자꾸 잊어버린다. 여러 번 외웠는데도 잊어버린다고 속상해하거나 머리가 나쁜 것이 아닌가 한탄해서는 안 된다.

어떤 심리학자는 어느 한 가지 사항을 자기 것으로 만들려면 적어도 25~30번 반복해야 한다고 하였다.

이해하고 외워야 오래 기억에 남는다. 이해하지 못하고 외우면 기억이 오래 남을 수 없다.

독일의 심리학자 에빙하우스의 망각곡선 실험에 따르면, 인간은 무엇인가를 배운 뒤 망각이 시작되어 20분이 지나면 약 42퍼센트를, 한 시간이 지나면 약 56퍼센트를, 하루가 지나면 약 66퍼센트를, 일주일이 지나면 약 74퍼센트를, 한 달이 지나면 약 79퍼센트를 잊어버린다고 한다. 그러나 배운 내용을 바로 복습하고, 정기적으로 반복해서 복습하면 약 80퍼센트 이상을 기억한다고 한다.

따라서 배운 것을 미루지 말고 최대한 빨리 복습하는 것이 시간이 절약되고 더 많은 것을 기억할 수 있는 것이다. 배운 것을 빨리 복습하는 습관을 길러 주어야 한다.

그리고 필기를 하면 듣기만 하는 경우보다 뇌에 3배나 많은 정보가 저장되어 회상 가능성이 높아지게 된다고 한다. 따라서 수업 중에 들었던 핵심 내용을 필기하는 것이 중요하다. 따라서 요령 있게 체계적으로 노트 정리를 잘하는 학생이 공부 잘하는 것은 당연하다.

노트 필기의 효과에 관한 실험

심리학자 페퍼와 메이어는 학생들에게 비디오 강의를 보여주었다. 한 집단에게는 비디오를 보면서 노트 필기를 하게 했고, 다른 집단에게는 노트 필기를 하지 않고 비디오만 시청하게 하였다. 그런 다음 강의에 대한 시험을 본 결과 노트 필기를 한 집단의 학생들이 핵심적인 개념을 훨씬 더 많이 기억하고 있었다.

9 잠재적 능력 계발에 힘써야 한다

> 뇌도 쓰지 않으면 녹슬고, 물도 쓰지 않으면 썩으며 추울 때에는 언다.
> 사람의 두뇌 또한 끊임없이 쓰지 않으면 결국 퇴화한다.
>
> 레오나르도 다 빈치

인간의 뇌는 약 140억 개의 세포로 구성되어 있는데, 그 가운데 약 10~20퍼센트만 사용한다고 한다. 미국의 인류학자 마가렛 미드는 인간이 일생 동안 능력의 4퍼센트만 사용한다고 주장하였다.

러시아의 생물학자 라마르크가 용불용설이란 학설을 주장한 바 있다. 용불용설이란 많이 사용하는 몸의 기관은 발달하고, 많이 사용하지 않는 기관은 발달하지 못하고 소실된다는 것이다.

운동을 하면 근육이 단련되듯이 두뇌도 쓰면 쓸수록 좋아질 수 있다. 사람들은 많은 잠재력을 가지고 있지만 그 잠재력을 제대로 발휘하지 못한다. 결국 잠재력을 발휘하는 사람이 자기 분야에서 성공하게 된다.

조직적인 훈련을 통하여 두뇌·지능·기억력을 높게 계발할 수 있다. 두뇌는 초등학교 3학년 때인 10살부터 가장 왕성하게 발달하여 6학년 전후에는 97~98퍼센트 정도가 완성된다고 한다. 따라서 초등학교 때 두뇌(지능) 계발과 공부의 기초 확립을 위해 노력해야 한다. 초등학교 때의 공부가 그만큼 중요하다.

그렇기 때문에 초등학교 다닐 때 독서나 체험 학습을 통해 상상력·호기심·창의력을 키워주어야 한다.

아인슈타인은 4살이 넘어서도 말을 제대로 못하였다. 초등학교에 들어가서도 학습 능력이 크게 부족했기 때문에, 그의 1학년 담임선생님은 신상기록에 이 아이는 어떤 지적 열매를 기대할 수 없다고 적어 놓았다. 그러나 부모는 그의 잠재적 능력을 믿고, 그것을 계발하는 데 힘써 세계적인 천재 물리학자로 키웠다.

에디슨이 초등학교 1학년 때 퇴학당한 뒤, 그의 어머니는 에디슨의 잠재적인 능력을 알고 있었기 때문에, 책을 읽어주거나 읽게 하여 상상력과 창의력을 키워주어 세계적인 발명왕이 되게 하였다.

어떤 내용을 행동하면서 말하는 것은 읽는 것의 9배, 들은 것의 2.5배, 본 것의 3배, 보면서 듣는 것의 1.8배의 기억 효과가 있다는 연구 결과가 나왔다.

어떤 방법으로 기억하는 것이 더 효과적인가를 알 수 있다. 기억의 효과를 따져보면 행동하면서 말하는 것이 가장 좋고, 그 다음이 보면서 듣는 것, 듣는 것, 읽는 것의 순서다. 따라서 공부할 때에는 눈·입·손 등 신체의 많은 기관을 사용할수록 기억이 잘된다. 감각기관을 많이 동원할수록 뇌의 활성화 범위가 넓어진다고 한다.

연구 결과에 따르면 단어를 외울 때 제스처를 써가면서 외우는 것이 제스처를 쓰지 않고 외우는 사람보다 20퍼센트 더 기억했다고 한다. 따라서 영어 단어 외울 때도 제스처를 써가면서 소리내어 읽고 연습장에 쓰면 더 효과가 있는 것이다.

읽는 것보다 듣는 것이 기억하는 데 더 효과적이다. 따라서 교과서나 참고서를 혼자 읽으면서 공부하는 것보다 수업 시간에 선생의 설명을 정신 집중해서 잘 듣는 것이 효과적이다.

듣는 것보다 말하는 것이 더 기억에 오래 남는다. 배우들은 행동하면서 대사를 말하기 때문에 오래 기억한다.

가르치는 것이 곧 배우는 것이다(Teaching is learning).

프랑스의 작가 조제프 주베르는 "가르친다는 것은 두 번 배우는 것이다"라고 말했다.

한 번 가르친 내용은 잘 잊혀지지 않는다. 가르치다 보면 확실히 이해하게 되고 체계적으로 정리되어 오래 기억에 남는다.

그래서 자기보다 공부 못하는 학생에게 어떤 과목의 어떤 부분을 가르쳐 주면 기억에 오래 남는다. 또 토론식 수업에서 자기가 발표했던 내용도 오래 기억에 남게 되고, 또한 선생님의 질문에 대답했을 경우에도 오래 기억에 남게 된다.

공부한 내용에 대해 스스로 질문하고, 대답하는 방법도 좋다. 또, 공부한 내용을 앞에 사람이 있는 것처럼 생각하고 소리내어 설명하는 것도 좋은 방법이다. 예를 든다면 대동법 실시의 결과에 대해 공부했다면 제스처를 써가면서 소리내어 첫째는 무엇이고, 둘째는 무엇이고, 셋째는 무엇이라고 설명하는 것이다.

학습용 비디오 테이프, 교육 방송, 인터넷 강의로 공부하는 것도 좋은 방법 가운데 하나이다. 보고 들으면서 공부하는 것이기 때문에 책만 읽고 공부하는 것보다 효과적이다. 이해하기만 하고 암기하지 않으면 기억에 남지 않게 되어 소용없다. 이해한 다음 암기해야 오래 기억에 남게 된다.

전문가들의 연구에 따르면, 같은 내용이라도 그냥 말만 해줄 경우 3시간 뒤에는 약 30퍼센트를 기억하지만, 3일 뒤에는 10퍼센트를 기억한다. 그리고 말은 하지 않고 보여주기만 할 경우에는 3시간 뒤에 72퍼센트를 기억하고, 3일 뒤에는 20퍼센트를 기억한다고 한다. 그러나 말하면서 보여주면 3시간 뒤에는 85퍼센트를 기억하고, 3일 뒤에는 65퍼센트를 기억한다고 한다.

설탕의 한 종류인 포도당이 함유된 음료를 마시면 단기 기억력이 향상된다는 연구 결과가 있다. 시험 볼 때 당분을 섭취하면 성적을 향상시킬 수 있다.

기억력을 높이는 두뇌 자극법

다음은 뇌의학의 권위자인 서울대학교 의대 서유헌 교수가 쓴 《나는 두뇌 짱이 되고 싶다》라는 책의 내용을 옮겨 놓은 것이다.

첫째, 한 번에 한 가지 정보만 입력한다. 여러 정보를 동시에 입력하면 입력된 정보끼리 충돌을 일으켜 제대로 기억되지 않는다. 그래서 공부할 때 잡념을 없애야 하는 것이다.

둘째, 내용을 이해하면서 책을 반복적으로 읽는다.

셋째, 잊어버리기 전에 바로 복습하면서 기억했던 내용을 떠올린다. 일반적으로 한 시간 이내에 복습하는 것이 효과적이다.

넷째, 공부한 내용을 질문으로 바꾸어, 그 질문에 답하는 습관을 갖는다.

다섯째, 기억한 내용을 전체적으로 요약해 본다.

여섯째, 새로 학습한 내용과 이미 기억되어 있는 내용을 나란히 놓고서 서로 비슷한 점, 서로 다른 점, 새로운 점 등을 비교해 본다.

일곱째, 나도 공부를 잘할 수 있다는 자신감을 가짐으로써 뇌에 있는 긍정적인 회로를 활성화시킨다.

여덟째, 운동이나 오감을 통해 대뇌를 항상 깨어있게 한다. 공부하는 중간에 스트레칭을 하거나, 좋아하는 음악을 듣거나, 기분 좋은 냄새를 맡거나, 피부를 가볍게 마사지하면 대뇌가 자극을 받아 기억력이 증가한다.

아홉째, 걱정이나 불안은 집중력을 감퇴시키므로 즐거운 마음으로 공부한다.

열째, 충분한 수면과 휴식을 취한다. 낮 동안 입력된 정보는 수면 중 체계적으로 분류되어 뇌의 장기 기억으로 저장된다.

10 즐거운 마음으로 공부하도록 해야 한다

> 일을 즐겁게 하는 사람은 세상이 천국이고,
> 일을 의무로 생각하는 사람은 세상이 지옥이다.
> 레오나르도 다 빈치

천재는 노력하는 사람을 이길 수 없고, 노력하는 사람은 좋아하는 사람을 이길 수 없으며, 좋아하는 사람은 즐기는 사람을 이길 수 없다고 한다. 인간은 본래 재미를 추구하는 동물이다. 일을 즐기게 되면 몰입하게 되니 시간 가는 줄 모르고 열정적으로 일하게 된다.

유대인들은 철이 들 무렵인 5살 때쯤 어린이에게 유대인의 율법을 적어놓은 《토라》의 책장을 펴고 그 위에 꿀 한 방울을 떨어뜨리고 입맞춤하게 한다. 어린이에게 공부가 가져다 줄 성과가 달콤한 것임을 가르치기 위한 것이다.

인간은 죽을 때까지 배우지 않으면 안 되고, 아는 것이 힘이라는 것이 유대인들의 기본적인 생각이다. 이와 같이 배우는 것을 중요시하기 때문에 유대인들이 여러 분야에서 두각을 나타내는 것이다.

공부하는 것은 인간답게 살기 위한 의무 아닌 의무이고, 따라서 선택이 아니라 피할 수 없는 필수이다. 어쩔 수 없이 할 것이라면 즐기면서 공부하는 것이 좋을 것이다.

교실에 앉아 수업 받는 시간이 싫다고 해서, 그 수업 시간이 없어지거나 금방 끝나는 것이 아니다. 그렇기 때문에 즐거운 마음으로 수업에 집중하면 공부가 잘되고 모르는 사이에 시간이 빨리 흘러가게 된다.

수업이 지겹다고 생각하면, 그 수업시간이 지루하고 무척 길게 느껴진다. 지겹다는 생각을 가지고 공부하면 학습능률도 떨어지게 된다. 공부하는 것이 고통스럽다고 생각해서는 안 된다. 공부하는 것이 즐겁고 재미있다는 생각을 가져야 신나게 공부할 수 있다.

공부를 왜 열심히 해야 하는지 그 중요성을 인식시켜 공부할 수 있는 동기를 유발시킨 다음 성취감을 맛볼 수 있게 해야 한다. 열심히 공부해서 누구나 부러워하는 명문 대학의 학생이 된 모습을 상상해 보도록 한다. 그 뒤 크게 성공한 인물이 되어 많은 사람 앞에 자랑스럽게 서있는 모습을 상상해 보도록 한다. 이렇게 동기를 부여하고 스스로 의욕을 고취하도록 한다.

학창 시절에 제대로 공부하지 않았기 때문에 직장다운 직장을 얻지 못하고 어렵게 생활하는 사람의 모습도 아울러 상상해 보도록 한다.

즐겁게 공부하도록 지도하는 방법 가운데 하나는 쉬운 문제부터 주어 풀 수 있다는 자신감을 심어 주어 성취감을 느끼도록 하는 것이다.

공부가 생각처럼 잘되지 않을 때도 많다. 이럴 때 크게 좌절하기도 하지만, 그것을 극복하는 과정에서 인내심을 기르고 자신감과 자부심을 쌓을 수 있다. 그래서 공부 잘하는 사람은 다른 일에도 자신감을 갖고 참고 노력하며 좋은 결과를 얻을 수 있는 것이다.

반대로 공부를 잘 못하는 사람은 다른 일에도 자신감을 잃고 좋은 결과를 얻을 수 없게 되어 열등 의식에 빠지게 된다.

"너는 머리가 좋은 편이야, 충분히 잘할 수 있어. 조금만 노력하면 누구 못지않게 공부 잘할 수 있어"라고 말해서 격려해 자신감을 심어주어야 한다.

행동심리학의 권위자인 미국의 데이비드 맥크릴랜드는 성취 욕구의 강약이 학업이나 업무에 큰 영향을 준다고 주장하였다.

상상에 의한 연습은 모든 운동에 적용할 수가 있다.

열심히 운동해서 올림픽에서 우승하여 시상대에서 금메달을 목에 거는 모습을 상상해보라. 그 감동! 그 흥분! 열심히 공부해서 일류 대학에 다니는 모습을 상상해보라! 상상력은 우리에게 용기와 자신감을 가져다준다.

상상에 의한 공부 학습도 큰 효과가 있다. 공부한 내용을 머릿속으로 복습하는 것이다.

이미지 트레이닝(상상에 의한 연습)의 효과

미국 시카고 대학에서 농구 팀을 세 그룹으로 나누어 실험한 적이 있었다.

A 그룹 선수에게는 한 달 동안 전혀 자유투 연습을 시키지 않았고, B 그룹에게는 한 달 동안 매일 자유투 연습을 시켰다. C 그룹에게는 한 달 동안 매일 마음속(상상)으로 자유투 연습을 시켰다.

그 결과는 어떻게 되었을까? B그룹의 자유투 성공률은 24퍼센트, C그룹의 성공률은 23퍼센트나 높아졌다. 이와 같이 이미지 트레이닝이 상당히 효과가 있다는 것을 알 수 있다. 마음속으로 피아노 연습하는 것도 효과가 있다는 실험 결과가 있다.

11 질문을 많이 하는 사람이 많이 배운다

> 물어보는 사람은 5분 동안 바보가 된다.
> 묻지 않는 사람은 영원한 바보가 된다.
> 중국 속담

미국에서는 질문을 안 하면 바보로 여긴다(No question is stupid). 우는 아이 젖 준다(The squeaky wheel gets the grease).

유대인들은 모르는 것을 부끄러워하는 사람은 똑똑한 학생이 될 수 없다고 말한다. 유대인들은 어릴 때부터 질문하는 습관을 기른다.

우리나라의 부모들은 학교 가는 아이에게 선생님 말씀 잘 들어야 한다고 말한다. 그러나, 이스라엘 부모들은 모르는 것이 있으면 반드시 선생님에게 질문을 해야 한다고 말한다.

모르는 것을 묻지 않는 것은 어리석은 것이다. 모르는 것을 묻지 않으면 영원히 모르는 채 살아가야 한다. 의문을 갖는 사람이 해답을 얻을 수가 있는 것이다.

일본의 마쓰시타 전기 공업을 창시하고 '경영의 신'이라 불리는 마쓰시타 고노스케는 하느님이 주신 세 가지 은혜 때문에 성공할 수 있었다고 했다.

첫째, 집이 몹시 가난해서 어릴 적부터 구두닦이, 신문팔이 같은 고생을 하였고, 이를 통해 세상을 살아가는 데 필요한 경험을 많이 얻을 수 있었다.

둘째, 태어났을 때부터 몸이 몹시 약해서 항상 운동에 힘썼으므로 늙어서도 건강하게 지낼 수 있게 되었다.

셋째, 초등학교도 못 다녔기 때문에 세상 모든 사람들을 스승 삼아 질문하며 열심히 배우는 일을 게을리 하지 않았다.

소크라테스와 공자는 제자들과 서로 질문하고 대답하거나 토론했다.

이와 같이 질문·대답·토론하는 과정에서 호기심, 창의적인 상상력, 문제 해결 능력, 사고력, 발표력이 길러지게 되고, 그 내용이 오래 기억에 남게 된다.

《질문의 7가지 힘》을 쓴 미국의 도로시 리즈는 질문의 7가지 좋은 점을 다음과 같이 정리하였다.

① 질문을 하면 답이 나온다.

② 질문은 생각을 자극한다.
③ 질문을 하면 정보를 얻는다.
④ 질문을 하면 통제가 된다.
⑤ 질문은 마음을 열게 한다.
⑥ 질문은 귀를 기울이게 한다.
⑧ 질문에 답하면 스스로 설득이 된다.

 유대인들은 《성경》과 《탈무드》를 반복해서 읽고 질의응답식으로 토론하는 것을 즐긴다. 미국에서는 질문·발표·토론으로 이어지는 교육을 매우 중요시한다.
 그러나 우리나라에서는 선생님의 설명을 듣는 것이 중심이 되는 교육이 이루어진다. 말하자면 교사에 따른 일방적인 주입식 교육이 이루어지는 것이다. 여기에 우리나라 교육의 한계가 있는 것이다.
 우리나라 교육에서는 미국보다 창의적인 사고력을 키우는 데 큰 제약이 있는 것이다.
 북학파 실학자 박제가는 그의 저서 《북학의》의 서문에서 '학문하는 길에는 방법이 따로 없다. 모르는 것이 있으면 길 가는 사람을 붙들고 묻는 것이 옳고, 심부름하는 아이가 나보다 한 글자라도 더 알고 있으면 배울 수 있다. 공자가 성인이 된 것은 평소

남에게 묻기를 좋아하고 그로부터 잘 배웠기 때문이다'고 썼다.

질문하는 것이 많으면, 많이 배운다(He who inquires much learns much).

질문하는 것을 부끄러워하거나 두려워해서는 안 된다. 서슴없이 질문하도록 해야 한다. 공부하다 모르는 것이 있으면 무척 답답하다. 이럴 때 부모나 선생에게 질문을 해서 답답함을 속 시원하게 풀 수 있다. 부모들은 바쁘다는 핑계로 또는 귀찮다고 해서 거절해서는 안 된다. 성의 있게 대답해 주어야 한다.

학생들이 집에서 공부할 때 모르는 것이 있으면 체크해 놓았다가 선생에게 질문하도록 하는 것이 좋다. 그러나 선생이 한참 신나게 강의하고 있는데, 불쑥 끼어들어 질문해서는 안 된다. 수업이 중단되고, 맥을 끊어 놓기 때문이다. 예의상 바람직스럽지 못한 것이다. 강의를 듣다가 의문이 가는 것이 있으면 체크해 놓았다가 강의가 끝난 다음에 선생에게 다가가서 질문하거나, 교무실로 찾아가 질문하는 것이 좋다.

질문해서 알게 된 내용은 잘 잊히지 않는다. 선생의 질문에 적극적으로 대답하는 것도 좋다. 그러면 선생과 친해질 수가 있다.

모르는 것이 있을 때에는 백과사전 등 사전을 찾아보거나, 인터넷을 검색해서 알아낼 수도 있다.

배운 내용을 스스로 질문하고, 거기에 대해 스스로 대답하는 것도 좋은 공부 방법이 될 수 있다. 예를 들면 '용불용설을 주장한 학자가 누구지?' '아! 그거 라마르크지' 하는 식으로 소리를 내면서 공부하는 것이다.

  구하라, 그러면 너희에게 주실 것이요. 찾으라, 그러면 찾아낼 것이요. 문을 두드려라, 그러면 너희에게 열릴 것이다(Ask and it shall be given to you; Seek and you shall find; Knock and door will be opened to you).

> 과거에서 배우고, 현재를 위해 살고, 미래를 위해 꿈꾸어라.
> 중요한 것은 질문을 멈추지 않는 것이다.
>
> 아인슈타인

12 시간 관리를 잘하는 사람이 성공한다

> 그대가 헛되이 보낸 오늘 하루는
> 어제 죽은 자가 그토록 원하던 내일이다.
> 미국의 사상가, 시인 랠프 왈도 에머슨

시간보다 더 소중한 것은 없다(Nothing is more precious than time).

시간이란 저장할 수도 없고, 빌릴 수도 없고, 살 수도 없고, 되돌릴 수도 없고, 또 멈추게 할 수도 없다. 우리는 세월을 기다릴 수 있지만, 세월은 우리를 기다려 주지도 않고 무정하게 흘러가게 된다.

우리는 의식적이든 무의식적이든 시간의 흐름 속에서 살고 있다. 사람의 수명이 한정되어 있기에 시간은 소중한 것이다. 그러나 일상생활에서 시간만큼 소홀히 다루어 소중한 줄 모르고 허비하는 것도 없다.

고대 로마의 철학자 세네카는 "인간은 항상 시간이 모자란다고 불평하면서 마치 시간이 무한정 있는 것처럼 행동한다"고 말하였다.

시간은 사람을 기다려주지 않는다(Time and tide wait for no man).

누구에게나 하루는 똑같이 24시간이다. 이 24시간은 어떻게 활용하느냐에 따라 인생이 달라진다. 시간 관리를 잘하는 사람은 자기 자신도 관리하기 때문에 성공한다.

진화론을 주장한 찰스 다윈과 미국의 정치가이자 과학자인 벤저민 프랭클린, 독일의 시성 괴테는 시간 관리가 철저했던 인물들이다.

유대인들이 여러 분야에서 두각을 나타내는 것은 시간 관리가 철저하여 시간을 아끼기 때문이다.

'승자는 시간을 붙잡고 다니고 패자는 시간에 쫓겨 달린다'는 말이 있다.

스펜서 존스는 그의 저서 《선물》에서 "내일을 앞당겨 쓸 수도 없고 지나간 어제를 끌어다 쓸 수도 없다. 바로 이 순간에 몰입하라. 바로 이 순간이야말로 세상이 나에게 주는 가장 훌륭한 선물이다"라고 하였다.

사람의 운명은 시간과 벌인 싸움에 따라 좌우된다.

알렉산더 벨은 전화기 특허를 낼 때 경쟁자보다 반 시간 먼저 접수해 특허권을 얻을 수 있었다. 이것은 시간 싸움에서 승리한 것이고 시간은 곧 돈이라는 사실을 입증하는 것이다.

시간은 바쁜 사람에게, 그리고 행복한 사람에게는 빨리 지나가고, 게으르고 불행한 사람에게는 느리게 지나간다. 시간이란 상대적인 것이라 할 수 있다.

세네카는 우리가 가진 시간이 적은 것이 아니라, 우리가 활용하지 못한 시간이 많다고 하였다. 우리의 결심에 따라 시간을 절약하면서 잘 활용하여 하는 일에 좋은 성과를 거둘 수 있다.

공부 잘할 수 있는 방법 가운데 하나는 시간 관리를 잘하는 것이다. 계획을 잘 세워서 공부하면 시간이 절약되고 성적을 올릴 수 있다.

공부도 시간과의 싸움이라 할 수 있다. 중·고등학교 다닐 때, 특히 고3 때는 수업이 끝난 다음 쉬는 시간 10분, 점심시간 등 자투리 시간을 잘 이용해야 한다.

하루 8교시 수업을 한다고 했을 때, 쉬는 시간 10분을 합치면 70분이다. 여기에 점심시간을 합친 시간이, 1달 또는 1년 동안 쌓인다면 얼마나 많은 시간이 될까?

학교 성적과 대학수학능력고사 성적은 자투리 시간 이용에 따라 좌우될 만큼 큰 영향을 받는다.

자투리 시간에 영어 단어 외우는 것이 가장 좋다고 생각한다. 자투리 시간에 앞 시간에 배운 것을 복습하거나 다음 시간에 배울 내용을 예습할 수도 있다. 또 자투리 시간에 졸리면 잠깐 눈을 붙일 수도 있고 스트레칭을 하거나 심호흡이나 명상을 해서 심신의 피로를 풀어줄 수도 있다.

집에서 공부할 때에는 쉬는 시간에 TV를 시청하거나 컴퓨터 게임을 해서는 안 된다. 눈이 피로해지기 때문이다.

토요일, 일요일이나 공휴일은 밀린 학과를 공부하는 데 황금 같은 시간이기 때문에 헛되이 보내서는 안 된다.

특히 학교 다닐 때 방학 기간을 잘 활용하는 것은 1년 동안의 공부를 좌우할 정도로 매우 중요하다.

방학 동안에 성적이 좋지 않았던 과목, 기초가 부족한 과목을 열심히 공부해야 할 것이다.

기초가 부족하면 공부에 대한 취미를 잃게 되고 열심히 공부해도 성적이 별로 오르지 않는다. 건축과 마찬가지로 공부도 기초가 튼튼해야 한다. 중3 겨울 방학 때의 공부가 고교 전체를 좌우한다고 할 수 있다. 이때는 영어·수학에 집중해야 하고 독서에도 힘써야 한다.

공부하는 데 중요한 것 가운데 또 하나는 공부가 잘되는 시간(prime time)을 잘 이용해서 공부해야 성과를 더 올릴 수 있는 것이다. 의학 박사 마이클 스몰렌스키는 그의 저서 《마법의 생체 시계》에서 '수학은 오전, 역사와 어학 등 암기 과목은 오후에 공부하는 것이 효과적'이라고 했다. 아침에 일어나서 8시까지가 두뇌 활동이 왕성하고 집중이 잘된다고 한다. 공부가 잘 안 되는 시간대에는 가장 좋아하는 과목을 공부하는 것도 효과적일 수 있다. 그리고 여러 과목을 공부해야 할 때 한 과목을 완전히 끝내는 것보다 과목을 1시간 정도 번갈아 가며 공부하는 것이 잘 기억된다고 한다.

> 날마다, 오늘이 당신의 최후의 날이라고 생각하라.
> 그리고 날마다, 오늘이 당신의 최초의 날이라고 생각하라.
>
> 유대인의 《탈무드》

13 체험학습을 많이 하는 것이 좋다

> **경험은 지혜의 어머니이다.**
> (Experience is the mother of wisdom)
> 격언

백문이 불여일견(百聞不如一見), 한 번 보는 것이 백 번 듣는 것보다 낫다(Seeing is believing).

듣는 것은 잊어버리고, 본 것은 기억하며, 행한 것은 이해한다는 말이 있다. 직접적인 체험에서 얻은 지식은 좀처럼 쉽게 기억에서 사라지지 않기 때문에 필요할 때 이용할 수가 있다.

몸소 경험하는 것은 책에서 배우는 것보다 낫다(The personal experience is better than book learning).

미국의 소설가 존 스타인벡은 포도 농장에서 일한 경험을 토대로 《분노의 포도》를 썼다. 어니스트 헤밍웨이는 낚시를 좋아했기 때문에 그 경험을 바탕으로 유명한 소설 《노인과 바다》를 썼다.

앨빈 토플러는 공장에서 일한 경험이 미래학을 연구하는 데 도움이 되었다.

소설가 김원일은 우리 생애에서 가장 중요한 시기가 일곱 살 전후에서 스무 살까지라고 하였다. 소설가나 시인들은 자기 작품의 70~80퍼센트를 이 시기에 일어났던 일, 보았던 일, 생각했던 일을 소재로 하여 쓴다고 한다. 이 시기의 경험이 생생한 이십대 후반에서 삼십대 초반에 작가들이 그들의 대표작을 썼다. 독일의 소설가 토마스 만은 25세 때 《부덴브로크 가(家)의 사람들》이란 작품을 써서 노벨 문학상을 받았고, 포크너는 이십대 후반에 《음향과 분노》를 써서 노벨문학상을 받았다.

박물관·과학관·미술관 등을 견학 가는 것, 유명한 음악가의 연주회에 가서 감상하는 것, 역사 유적지를 답사하여 그 시대의 유적·유물을 직접 보고 배우는 것, 이런 현장학습이 매우 중요하다. 현장학습은 그야말로 산 교육이라 할 수 있다. 학교에서 현장학습했던 내용을 가르칠 때나, 공부할 때 기억이 생생하여 잘 잊히지 않는다.

여행에서 얻은 체험도 매우 중요하다. 견문을 넓혀 주고 관찰력이나 창의력에 도움이 된다. 관찰은 창의적인 사고에 큰 영향을 준다. 모든 과학의 기초는 관찰이기 때문이다.

관찰을 통해 생각할 대상을 얻고, 새로운 사실을 발견할 수 있어 새로운 문제를 해결할 수 있게 한다.

실험·실습도 공부하는 데 큰 도움이 된다. 과학은 이론만으로는 이해하기가 곤란하다. 실험·실습을 거쳐서 산 지식을 얻을 수 있다.

> 말을 하면 잊을 것이다. 보여주면 기억할지도 모른다.
> 하지만 경험하게 되면 확실히 이해할 수 있다.
>
> 중국 속담

14 학교 성적이 좋아야 한다

> 시간이 만물 가운데 가장 귀중한 것이라면,
> 이를 낭비하는 것은 가장 큰 낭비이다.
> 벤저민 프랭클린

학교 성적이 좋아야 공부에 대한 의욕이 강해져 더 열심히 공부하게 된다. 한 번 학교 성적이 좋게 나오면, 혹시 다음 시험에 성적이 떨어져 체면이 손상될까 두려워 열심히 공부하게 된다.

따라서 학교 성적이 좋은 학생은 자부심과 자신감을 갖게 되어 다른 일에도 적극적으로 대처하게 된다.

특목고(외고, 과학고, 국제고 등)나 자사고(자립형 사립고, 자율형 공립고 등)에 입학하려는 학생이 많아 경쟁이 치열해지고 있는 실정이다. 그 입학 전형에서 가장 중요한 것이 내신 성적이다.

그리고 고등학교 때의 성적이 좋아야 대학입학시험, 취업, 유학에 유리하다.

앞으로 대학 입시 전형에서 고등학교 내신이 더 많이 반영된다.

어떻게 하면 학교 성적을 올릴 수 있을까? 그 방법을 생각해 보도록 하자.

첫째, 학교 수업에 충실해야 한다. 학교 수업은 하루 가운데 가장 많은 시간을 차지하고 있기 때문에 그 많은 시간을 무의미하게 흘려보내지 말고 각 과목 선생님의 설명을 잘 들어야 한다. 중간고사나 학기 말 고사 때 선생님들이 수업 시간에 강조했던 내용을 출제하는 것은 너무나 당연하다. 그래서 수업 시간에 선생님이 중요하다고 강조한 것을 체크하거나 노트 필기하는 것이 중요하다.

둘째, 각 과목 선생님들과 친해야 한다. 그러면 그 선생님이 담당하는 과목을 좋아하게 된다. 선생님과 눈을 맞추면서 정신을 집중해서 설명을 잘 듣도록 한다. 그러면 선생님은 그 학생에 대해 관심을 갖게 되고, 그를 좋아하게 된다.

어떤 선생님이 싫으면 그 과목도 싫어져 수업에 열중하지 않게 된다. 그렇게 되면 그 과목 성적이 좋을 수 없다. 선생님은 싫어도 그 과목까지 싫어해서는 안 된다. 그래서 부모들은 자녀들 앞에서 선생님을 흉보거나, 비판해서는 안 된다.

셋째, 중간·기말고사 때 계획을 잘 세워 공부하도록 한다. 중·고등학교에 다닐 때에는 시험 보기 3~4주 전부터 대비해야 한다. 시험 전에 중요 과목은 적어도 2~3차례 이상, 기타 과목은 2차례 정도 반복해서 공부하는 것이 좋다. 반복해서 공부하면 실수를 줄일 수 있다. 그리고 범위가 넓어 시간이 많이 필요한 과목, 어렵게 생각되는 과목, 싫은 과목을 먼저 공부하는 것도 좋은 방법이 될 것이다.

당일치기, 벼락치기 시험공부는 위험하다. 그럴 경우 실수하기 쉽고, 또 기억에서 빨리 사라진다.

시험 전날에는 어느 정도 잠을 자야 한다. 밤늦게까지 공부하느라 잠을 조금밖에 자지 못했다면 막상 시험 볼 때 정신이 멍멍하여 시험을 망칠 수 있다. 시험 대비를 잘하고, 시험 잘 보는 것도 기술이고 실력이다. 항상 준비된 사람에게 행운이 찾아오게 마련이다.

> 인간의 성격은 편안한 생활 속에서는 발전할 수 없다.
> 시련과 고생을 통해서 인간의 정신은 단련되고
> 또한 어떤 일을 똑똑히 판단할 수 있는 힘이 길러지며
> 더욱 큰 야망을 품고 그것을 성공시킬 수 있는 것이다.
>
> 헬렌 켈러

15 잠자는 것을 잘 조절해야 한다

> 사람은 망설이지만 시간은 망설이는 법이 없다.
> 시간은 절대로 되돌아오지 않는다.
>
> 벤저민 프랭클린

잠자고 싶은 대로 자면, 공부하고 일하는 데 지장을 주게 된다. 중·고등학교 시절에는 잠자는 것을 잘 조절해야 한다. 잠도 습관이기 때문에 잠자는 습관을 잘 길러야 한다. 자는 시간과 깨는 시간을 정해서 지키는 것이 좋다. 공부는 잠과의 전쟁이라고 할 수도 있다. 잠과의 전쟁에서 이겨야 공부를 잘 할 수 있다.

학교나 학원에서 강의할 때 학생들로부터 "하루에 몇 시간 잠자고 공부해야 합니까?"라는 질문을 자주 받는다. 그 질문에 "잠이 부족하면 정신 집중이 안 되니까 잠은 비교적 충분히 자라. 그 대신 깨어있는 시간에 정신을 집중해서 열심히 하고, 특히 자투리 시간을 잘 활용하라"고 대답해 준다.

한때, 대입 수험생들 사이에 4당5락이라는 말이 유행한 적이 있었다. 이것은 4시간 자면 대학에 붙고, 5시간 자면 떨어진다는 뜻이다.

대학수학능력고사 성적이 상위권 0.1퍼센트 안에 들었던 학생들 가운데 52퍼센트가 하루 6시간가량 잤다는 조사가 있다.

하버드 대학 심리학과의 연구에 따르면, 낮잠을 자는 쪽이 그렇지 않은 쪽보다 좋은 학습·기억 능력을 보여주었다고 한다.

수면을 연구하는 많은 전문가들은 10분의 낮잠은 한 시간의 가치가 충분하다고 한다.

그러나 낮잠을 너무 오래 자면 뇌의 리듬이 흐트러진다고 한다.

미국 하버드 의대 유승식 교수는 수면이 부족하면 정상적으로 잠을 잔 사람에 견주어 기억 능력이 5분의 1 정도 떨어진다고 주장하였다.

매우 졸릴 때 잠깐 낮잠을 자고난 뒤에는 정신이 맑아질 수 있다. 졸리거나 피로할 때 쉬는 시간 10분 또는 점심시간에 잠깐 낮잠을 자면 공부에 도움이 된다.

피로하면 집중력과 주의력이 낮아져 실수하기 쉽다.

어느 정도 충분히 잠을 자야 좋은 컨디션을 유지할 수 있고, 맑은 정신으로 공부에 집중할 수 있다. 잠이 부족하면 정신이 흐려져 학교나 학원에서 정신 집중해서 수업을 들을 수 없다.

잠이 충분하지 못하면 창의력이 떨어지고 익숙하지 못한 상황에 놓였을 때 대처하는 능력이 떨어진다는 연구 결과도 있다. 또한 잠의 부족이 비만을 초래하기도 한다.

졸릴 때는 잠깐 자는 것이 좋다. 스트레칭, 맨손체조, 산책하는 것은 졸음을 쫓아 버리는 데 도움이 된다.

공부할 때 밤에 우유 마시는 것은 삼가는 것이 좋다. 우유에는 잠들게 하는 성분이 있기 때문이다. 그래서 어린 아이들이 젖이나 우유를 먹을 때 잠들게 되는 것이다.

뇌의 각성 수준을 높여 잠에서 빨리 깨어나는 방법

다음은 뇌의학의 권위자인 서울대학교 의대 서유헌 교수가 쓴 《나는 두뇌 짱이 되고 싶다》라는 책의 내용을 옮겨 놓은 것이다.

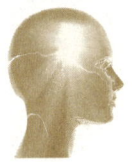

첫째, 뇌를 깨워 주는 샤워를 하는 것이 좋다. 잠에서 깨어난 뒤 얼마 동안은 각성 수준이 낮아 자꾸 졸리게 된다. 이를 방지해 공부를 잘 할 수 있게 하려면 미지근한 물과

뜨거운 물, 또는 냉수로 샤워를 하는 게 좋다. 강한 물줄기와 약한 물줄기를 교대로 해 주면 더욱 효과적이다. 또한 피부를 자주 자극해주는 것도 뇌를 자극하는 효과를 준다.

둘째, 눈이나 안면 근육 운동을 하는 것도 잠을 깨는 데 도움이 된다. 몇 초 동안 눈을 크게 뜨고 감기를 반복하거나 수초 동안 웃는 표정을 반복한다.

셋째, 5초 정도 숨을 들이쉬고 배가 완전히 홀쭉해질 때까지 5초 정도 내쉬는 복식 호흡을 하면 긴장이 이완되고 뇌에 산소 공급이 증가해 뇌를 깨우는 데 도움이 된다.

16 공부하는 데 환경이 큰 영향을 준다

　인간은 환경의 지배를 받는다는 말이 있다. 주위 환경은 공부에 큰 영향을 준다.
　맹모삼천지교(孟母三遷之敎), 맹자 어머니는 자식의 교육을 위해 좋은 환경을 찾아 세 번이나 이사하였다.
　자녀들 공부방의 소음·조명·온도·습도와 벽지나 커튼 색깔 등에 신경을 써서 공부가 잘될 수 있는 환경을 만들어 주어야 한다. 부분 조명을 전체 조명보다 더 밝게 하면 집중력이 높아진다.
　벽지나 커튼의 색은 눈의 피로를 풀어주는 데 도움이 되는 파란색으로 하는 것이 좋다.
　방에 연예인 사진을 걸어 놓는 학생들도 있는데, 바람직스럽지 못하다. TV, PC, 휴대전화 등과 같은 공부에 방해되는 것을 방에서 치워버려야 한다. 어떤 대학 총장은 자녀들의 공부에 방해가 된다고 집에서 TV를 없애 버렸다고 한다.

부모가 거실에 앉아 TV를 시청하면, 자녀들은 TV를 시청하고 싶은 충동을 느끼게 된다. 부모는 TV를 보면서 자녀에게 공부하라고, 또는 독서하라고 한다면, 그것은 바람직스럽지 못하다.

공부방에서 침대를 멀리 떨어뜨려 놓거나 없애는 것이 좋다. 눕고 싶은, 잠자고 싶은 유혹을 받게 되기 때문이다.

공간 정리 전문가인 캐런 킹스턴은 《아무 것도 못 버리는 사람》이라는 저서에서 잡동사니로 가득 찬 공간은 에너지 장(場)의 흐름을 방해한다고 주장하였다. 그렇기 때문에 정신을 집중해서 공부하려면 방을 깨끗이 치우고 책상과 책꽂이를 잘 정리해야 한다. 책상에는 공부에 필요한 책·노트·필기도구만을 남기고 모두 치우는 것이 좋다.

대체적으로 학교나 학원에서 보내는 시간보다 집에서 보내는 시간이 더 많다. 따라서 공부하고 독서하는 것이 잘될 수 있는 환경을 조성해 주는 것이 매우 중요하다.

또 중요한 것은 마음이 안정된 상태에서 공부해야 한다. 잡념·불안·초조 등 스트레스를 받게 되는 심리적 압박감에서 벗어나게 해야 한다.

공부하는 장소의 선택도 중요하다. 자기 취향에 맞는 장소를 택하는 것이 좋다. 고등학생을 대상으로 조사한 결과 집에서 공부한 학생이 34.4퍼센트로 가장 높은 비율을 차지했고, 도서관이나 독서실에서 공부한 학생이 30.7퍼센트를 차지하였다. 혼자 공부할 때보다 여러 사람이 함께 공부하는 독서실이나 도서관에서 경쟁 심리 때문에 더 열심히 공부하게 된다. 이것을 사회촉진 현상의 심리라고 한다. 운동도 여러 선수들이 함께 하면 더 효과적이다.

> 오늘 이 시간은
> '내 남은 생애의 첫날이며 어제 죽어간 어떤 사람이 그토록 살고 싶어하던 내일'
> 임을 새롭게 기억하면서 정신이 번쩍 들었다.
>
> 이해인 수녀

독서는 성공으로 가는 길이다

책을 읽고 생각하지 않는 사람은 어리석은 사람이고,
생각하고 책을 읽지 않는 사람은 교만한 사람이다.
공자

지혜란 지식을 적절하게, 그리고 올바르게 사용할 줄 아는 것이다.
그리스 철학자 소크라테스

1. 독서의 중요성은 아무리 강조해도 지나치지 않다

> 자식에게 황금 바구니를 남기는 것이
> 한 권의 경서를 남기는 것만 못하다.
> 후한시대 반고의 《한서》

독서가 정신에 미치는 영향은 운동이 육체에 미치는 영향과 같다(Reading is to the mind what exercise is to the body).

사람이 책을 만들고, 책이 사람을 만든다고 한다. 또 책 속에 미래가 있다고 한다. 사람은 죽어도 책은 죽지 않고 영원하다.

독서의 중요성은 아무리 강조해도 지나치지 않는다. 책은 말 없는 영원한 스승이고 부모이고 친구다.

컴퓨터의 황제이자 세계 최대의 부자인 빌 게이츠는 "오늘날의 나를 있게 한 것은 마을에 있는 도서관이다. 독서야말로 끝없는 정보의 샘이다"라고 말하였다. 지금도 빌 게이츠는 바쁜 일과에도 매일 한 시간씩, 주말에는 두세 시간씩 책을 읽는다고 한다.

그리고 빌 케이츠는 "100년이 지나도 200년이 지나도 컴퓨터가 책을 대신할 수 없다"고 말하였다.

미국 과학연구소의 조사에 따르면, 미국 사회를 이끌어 가는 리더들 대부분이 초등학교 때 좋은 책을 읽었고, 이와 달리 범죄자들 가운데 대부분이 거의 책을 읽지 않았다고 한다. 청소년 때의 독서가 인생을 좌우할 정도로 중요하다는 것을 알 수 있다.

우리가 독서의 중요성을 강조하고, 독서를 권장하는 이유는 책 속에 인류가 여태까지 걸어온 역사와 축적된 지식·지혜·경험을 배울 수 있기 때문이다. 교과서나 참고서에서만 지식을 얻을 수 있는 것은 아니다. 다른 책이나 신문에서 더 많은 지식과 정보를 얻을 수가 있는 것이다.

하루가 다르게 급변하는 정보화 사회에서는 종전보다 독서가 더 중요하다고 할 수 있다. 요즈음 직원들에게 독서를 권장하는 기업들이 점차 많아지고 있다. 독서를 통해 창의력을 높여 회사의 발전을 꾀하려는 것이다. 2003년 신년 초, LG의 구본무 회장은 스탠포드 대학 교수 짐 콜린스가 쓴 《좋은 기업을 넘어 위대한 기업으로(Good to Great)》라는 책을 직원들에게 선물했다.

2009년 여름휴가 때 이명박 대통령은 청와대 직원들에게 리처드 탈러가 쓴 《럿지》라는 책을 선물하였다. 리더들은 책을 많이 읽어야 통찰력이 생기게 된다. 유대인들은 책이 없는 집은 영혼이 없는 몸과 같다고 말한다.

유대인들이 얼마나 독서를 중요하게 생각하는지를 알 수가 있다. 유대인의 저력은 독서에서 나오는 것이다.

영국의 소설가 올더스 헉슬리는 "독서할 줄 아는 사람은 자아를 확대하고 존재 방식을 다양하게 하며 자신의 삶을 충만하고 의미 있고 흥미 있는 것으로 만드는 능력이 있다"고 말하였다.

독서는 너무나 중요하다. 그렇다면 독서가 사람에게 어떤 영향을 줄까? 전문가들의 의견을 종합하여 정리해 본다.

① 상상력·호기심·창의력·아이디어·객관적 판단력·논리적인 사고력을 생겨나게 한다.
② 미래를 읽어 낼 수 있는 안목을 키워준다.
③ 지식·지혜·정보·간접 경험을 풍부하게 얻을 수 있다.
④ 가치 있게, 지혜롭게, 주체적으로 사는 방법을 가르쳐준다.
⑤ 국어를 비롯한 학과 시험과 논술고사, 구술시험에서 좋은 성적을 올리게 해준다. 토론과 면접시험에도 도움을 준다.
⑥ 기업을 운영하는 데 크게 도움을 준다.
⑦ 상식과 교양이 풍부해진다.

⑧ 자기 계발에 대한 동기를 부여하게 한다.
⑨ 잠재력을 이끌어 내게 한다.
⑩ 무료한 시간을 유익하게 보낼 수 있게 한다.
⑪ 책을 읽는 것은 고상한 취미이고 오락이며, 사람을 행복하게 한다.
⑫ 책을 많이 읽는 사람이 리더가 될 수 있다.
⑬ 독서는 정서적인 안정감을 준다.

조선왕조의 세종대왕은 엄청난 독서가였다. 눈병이 날 정도로 책을 많이 읽었다. 책을 읽고 멀리 보는 능력이 있었기 때문에 여러 방면에 걸쳐 훌륭한 업적을 남길 수 있었던 것이다. 세종대왕의 뛰어난 리더십은 바로 독서에서 나온 것이라고 할 수 있다.

영국의 수상이었던 글래드스턴은 "나는 뜻밖에 얻은 1분을 헛되이 보내지 않기 위해 언제나 작은 책을 주머니에 넣고 다니는 것을 잊지 않았다"고 말하였다.

하버드 대학의 총장을 지냈던 엘리엇 박사는 "하루에 15분씩 고전 작품을 읽는다면 10년 뒤에는 하버드 대학을 졸업한 것보다 더 많은 교육을 받게 될 것이다"라고 말하였다.

독서는 개인에게도, 국가에게도 큰 영향을 준다. 독일의 슐리만은 호메로스의 《일리아드》를 읽었는데, 이것이 트로이 유적지를 발굴하는 계기가 되었다. 그 결과 그리스 문화의 모태가 되는 트로이 문명의 존재를 밝혀내는 역사적인 큰 업적을 남겼다.

《톰 아저씨의 오두막》이란 책은 링컨 대통령의 노예 해방에, 또 《상식(Common Sense)》이란 책은 미국 독립 혁명에 큰 영향을 주었다.

독일의 문호 괴테는 나폴레옹을 가리켜 지독한 독서가라 하였다. 나폴레옹은 괴테의 《젊은 베르테르의 슬픔》을 일곱 번이나 읽었고 죽을 때까지 8천 권의 책을 읽었다. 나폴레옹은 전쟁터에 진중문고를 마련해 놓고 책을 읽었다.

나폴레옹은 비록 침략 전쟁을 일으켰지만 책을 많이 읽어서 합리적인 사고방식을 지니고 있었기 때문에 유럽의 봉건 체제를 무너뜨리고, 자유·평등·박애를 바탕으로 한 민주주의의 씨를 뿌려 놓았고, 민족주의를 내세워 강대국의 지배에서 약소 국가를 해방시켰다.

뿐만 아니라 민주적인 《나폴레옹 법전》(《함무라비 법전》,《로마 법대전》과 함께 세계 3대 법전)도 편찬하였다. 《나폴레옹 법전》은 근대 여러 나라 법전의 모범이 되었다.

공부에 못지않게 중요한 것이 독서이다. 어려서부터 가정에서 독서 습관을 길러 주는 것이 매우 중요하다. 부모가 먼저 책을 읽는 모습을 보여주어 모범을 보여야 한다. 독서하는 시간을 정해놓고, 가족이 모여 함께 책을 읽는 것도 좋다. 또, 가족이 같은 책을 읽고 독후감에 대해 이야기하고 서로 토론을 하는 것도 좋다. 부모가 자녀들과 함께 도서관이나 서점에 가는 것도 바람직스럽다.

우리나라 사람들의 독서량은 일본인의 절반에도 못 미친다. 그래서 어떤 일본 언론인은 한국이 죽어도 일본을 따라가지 못하는 이유가 책을 읽지 않는 데 있다고 말하였다. 우리나라 사람들은 정말로 한심할 정도로 책을 읽지 않는다. 일본이나 미국 등 선진국가의 국민들은 지하철·기차, 심지어는 비행기 안에서도 책을 많이 읽는다. 우리나라 사람들은 지하철이나 기차 안에서 멍하니 가만히 있거나 잡담하거나 잠을 잔다. 지하철이나 기차는 좋은 도서관이다. 지하철이나 기차 안에서 책 읽는 습관을 들여 보는 것도 좋을 것이다.

안중근 의사는 "하루라도 책을 읽지 않으면 입 안에 가시가 돋친다"는 말을 남겼다. 독서 습관이 몸에 배인 것이라 할 수 있다.

책 읽는 시간이 없다고 불평하는 사람들이 많다. 그것은 어디까지나 핑계이다. 책을 읽을 시간이 없다고 하는 사람은 시간이 있다 하여도 책을 읽지 않는다. TV를 끄거나 시청하는 시간을 줄여서, 또는 자투리 시간을 이용해서 책을 읽으면 된다.

지금 우리는 책의 홍수 속에 살고 있다. 너무 많은 책들이 쏟아지고 있다. 그래서 책의 선택이 무엇보다 중요하다. 좋은 책을 골라야 하고 수준에 맞는 책을 선택하는 것이 매우 중요하다.

그 책을 읽은 사람이나 선생들이 추천하는 책을 선택하는 것이 좋다. 음란 서적이 범람하고 있는데 이를 주의 깊게 감시해야 할 것이다.

책을 읽는 사람은 넓게, 멀리, 그리고 깊이 볼 수 있다. 'Reader'가 'Leader'이다. 책 읽는 사람이 리더가 될 수 있다. 독서를 많이 하면 커뮤니케이션(communication)에 크게 도움이 된다.

2003년 신문협회의 발표에 따르면 우리나라의 신문 구독자 비율은 1천 명당 200명으로, OECD 국가 가운데 최하위라고 한다(노르웨이는 1천 명당 704명, 일본은 635명). 우리나라 사람들은 신문을 제대로 읽지 않는 사람이 많다. 책 읽는 것에 못지않게 중요한 것이 신문을 읽는 것이다. 신문에서 새로운 지식과 정보를 얻을 수 있다. 신문의 사설이나 논설을 읽고, 거기에 대한 의견을 글로 쓰면, 논술에 크게 도움이 된다. 논술 고사에서 좋은 성적을 거둔 학생들은 신문을 정독하였다는 것이다.

신문을 읽어야 세상이 보이고, 따라서 시대의 변화를 알 수 있다. 세계적인 미래학자 앨빈 토플러는 스스로 신문 중독자라고 말한다. 그는 매일 아침 6~7개의 신문을 읽는 것으로 하루를 시작한다. 그는 신문에서 지식과 정보를 얻는 것이다.

러시아의 소설가 도스토옙스키는 신문을 즐겨 읽었다. 그는 신문에 난 범죄 기사에서 아이디어를 얻어 소설을 썼다. 그 대표적 작품들이 《죄와 벌》, 《카라마조프의 형제들》이다.

서울대학 언론정보학과에서 신문으로 뉴스를 접하는 사람의 정치적 식견이 방송이나 인터넷 등 다른 매체를 이용하는 사람보다 훨씬 높다는 연구 결과를 발표한 적이 있다.

독서는 나에게 많은 정보를 제공해 주었다.
그러나 독서가 주는 더 유익한 것은 나의 상상력을 항상 자극한다는 점이다.
나는 독서를 통한 상상력으로 지금의 싱가포르를 만들었다.
지금의 싱가포르는 원래 나의 상상이 하나의 실체로 나타난 것일 뿐이다.

싱가포르의 전 수상 이광요

2. 독서를 많이 해야 공부 잘할 수 있다

> 좋은 책을 읽는 것은 지난 몇 세기에 걸쳐 있었던
> 가장 훌륭한 사람들과 대화하는 것과 같다.
> 프랑스 철학자 데카르트

프랑스에서는 고교 졸업 때까지 자기 나라의 명시 100편을 암송하게 한다.

서울의 어떤 중학교에서는 졸업할 때까지 수행 평가 차원에서 100편의 시를 외우게 하고, 단편 소설도 100편을 읽게 한다고 한다. 그 결과 감성과 상상력이 풍부해졌고, 암기력이 크게 향상되었다고 한다. 이 학교 출신들은 대학 입시에서 논술과 언어영역에서 다른 학교 출신보다 성적이 더 높았다고 한다.

독서를 많이 하는 학생이 대체적으로 공부를 잘한다. 독서는 학습 능력을 향상시켜 줄 뿐만 아니라 토론할 때, 발표할 때 또는 논술 고사, 심층면접을 볼 때 크게 도움을 준다.

프랑스의 소설가 로망 롤랑은 명작은 세 번 읽으라고 하였다. 젊어서 한 번, 중년에 한 번, 그리고 늙어서 또 한 번.

근래에는 대학에서 신입생을 선발할 때 대학수학능력고사가 쉽게 출제되기 때문에 변별력이 떨어진다고 하여 논술 고사와 심층면접에 많은 비중을 두고 있다.

대학수학능력고사에서는 대체적으로 언어영역과 수리영역 성적이 좌우하는 경우가 많다. 언어영역 수능 고사는 1/3이 문학 작품에서 출제되기 때문에 책을 많이 읽는 것이 매우 유리하다.

언어영역은 단시일에 금방 실력이 향상되는 것이 아니다. 꾸준히 책을 많이 읽고, 문제를 많이 풀어봐야 한다. 우리말 어원의 70퍼센트를 차지하는 한자를 모르고는 국어는 물론 다른 과목을 제대로 공부할 수 없다. 국어는 다른 과목을 공부하는 데 기본이 된다.

책을 읽지 않는 사람은 글을 모르는 사람보다 하나도 나을 것이 없다.
미국의 소설가 마크 트웨인

3. 책 속에 지혜가 있다

> 새로운 조직 사회에서 한 분야의 전문 지식을 갖고 있는
> 지식인은 4~5년마다 새로운 지식을 습득해야 한다.
> 그렇지 않으면 지니고 있는 모든 지식이 낡은 것이 되어
> 시대에 뒤떨어진 사람이 된다.
>
> 피터 드러커

유대인들은 학교 같은 공교육 시설보다는 가정에서 하는 교육을 중시한다. 그 이유는 아이들이 학교에서는 지식을 배우지만, 가정에서는 지혜를 배우기 때문이다.

유대인들은 지혜가 없는 사람에게 운명의 여신은 미소를 보내지 않는다고 말하고 지혜는 지식보다 중요한 것이라고 생각한다. 지식은 시대에 따라 변하지만 지혜는 몇 세대를 걸쳐서 얻은 체험에서 나온 것이기 때문에 이를 소중히 여기면 인생에서 실패하는 일이 적다고 생각해왔다. 그리고 아무리 많은 지식이라도 지혜로 바꿀 수 없다면 그 가치가 없다고 생각한다. 대대로 전해져 내려오는 지혜가 유대인을 뒷받침해 왔다고 할 수 있다.

지식을 활용하여 창의적으로 문제를 해결해 나가는 지혜가

중요하다. 지식과 지혜는 그 뜻이 같은 것처럼 생각되지만 둘 사이에는 뚜렷한 구분이 있다고 할 수 있다. 지식은 학교나 도서관에서 배우지만 지혜는 역사·철학·문학·종교 등을 통해, 또는 경험을 통해 배운다. 지식이 무엇이냐(what)에 관한 공부라면, 지혜는 어떻게 해결하느냐(how) 하는 방법을 배우는 것이다. 어떤 어려운 상황에서 무엇을 할 것인가 하는 문제는 지식이 가르쳐 주지만, 어떻게 해야 좋을지 모를 때에 판단을 내리게 하는 것은 현명한 지혜이다.

오늘 배운 지식은 내일 쉽게 잊어버릴 수 있으나, 한 번 몸에 익힌 지혜는 좀처럼 잊어버리지 않는다. 실제 생활해 나가는 데는 지식보다 지혜가 더 중요하다고 할 수 있다.

부모들은 자녀들과 자주 대화를 나누면서 지혜를 가르쳐야 한다. 지혜는 슬기롭게 생각하고, 판단하며, 슬기롭게 사는 방법을 가르쳐 준다. 그러나 아무리 많은 지혜를 가지고 있어도, 그것을 활용하지 못하면 쓸모가 없다. 지혜를 활용할 줄 알아야 지혜로운 사람이 될 수 있다.

1965년에서 1995년까지 불과 30년 동안의 정보량이 인류의 역사가 시작된 후부터 1965년까지 모인 정보량보다 더 많다고 한다. 지금 사회가 하루가 다르게 다양해지고, 지식·정보가 홍수처럼 쏟아지고 있다. 그렇기 때문에 전문 분야 이외의 다른 분야를 공부해서 지식을 넓히는 것이 좋다.

그래서 근래에 어떤 학문을 다른 학문에 접목시키는 학문의 융합 현상이 나타나고 있다. 예를 들어 공대 출신의 CEO가 심리학·역사학이나 경영학을 공부하면 기업 경영에 크게 도움을 줄 수 있다.

종전에는 자기의 전공 과목에 뛰어나면 그만이었지만 지금은 연관 학문 지식도 함께 갖추고 있어야 유능한 인재가 될 수 있다.

르네상스 시대의 미술가 레오나르도 다 빈치는 30회 이상 시체를 해부하여 인체의 근육 구조를 연구해서 인간을 보다 사실적으로 묘사하였다.

미국의 MIT 공대의 기계공학과를 비롯해서 여러 대학의 기계공학과에서는 생물학을 필수로 정했다. 생물의 구조를 잘 아는 것이 기계 설계에 도움을 주기 때문이다.

2007년 고려대학에서는 이공계 학생들에게 역사·경영·철학 등 권장도서 54권을 선정하여 읽기를 권장하였다. 2009년 경희대학 한의과 대학에서는 추천도서 100권 가운데 20권 이상 읽지 않으면 유급시키는 학사 제도를 도입하였다.

이것은 이공계 학생들에게 교양을 넓혀주고 세상을 더 넓게 볼 수 있는 안목을 키워주고자 하는 것이다.

서울대학은 2005년 신입생부터 제2전공을 의무화하였다. 또한 2009년 중앙대학에서는 회계학을 필수교양과목으로 정하였다.

안철수 컴퓨터 바이러스 연구소를 설립한 안철수는 서울 의대 출신이다. 그는 학창 시절 지독한 독서가였다. 회사를 설립한 뒤 회사를 경영하다가 스스로 부족하다고 생각하여 회사를 더 합리적으로 운영하고자 미국에 유학가서 경영학을 공부하였다.

서울대 경영학과의 윤석철 교수는 서울대학에서 독문학·물리학을 공부하고 미국에 유학하여 경영학 박사, 전기공학 박사 학위를 받았다. 서울대학 경영대학 교수를 역임하고 정년 퇴임한 뒤 한양대학에서 경영학과 공학을 접목시키는 연구를 계속하면서 학생을 지도하고 있다.

삼성전자의 윤종용 전 부회장은 직원들에게 역사 공부할 것을 강조하였다. 롯데백화점에서는 국사 시험성적을 승진에 반영하고 있다. 역사에서 얻은 교훈으로 미래에 대한 통찰력을 얻을 수 있기 때문이다.

텔레비전보다 책을 읽어라. 독서는 꿈을 심어준다. 너희들이 어른이 되었을 때 세상을 펼쳐주는 것은 텔레비전이 아니라 책이다.
미국 43대 대통령 조지 부시

소통(커뮤니케이션) 교육에 힘써야 한다

사람들이 당신을 좋아해주길 바란다면
먼저 주의 깊게 상대의 말을 들어줄 줄 아는 사람이 되어야 한다.

자신을 표현할 능력이 없기 때문에 타인의 약점을 꼬집음으로써
자신의 신분을 올려 보려 하는 것이다.
《인간관계를 열어 주는 13가지 지혜》에서

1 신중하게 말하는 훈련이 필요하다

> 말은 생각을 담은 그릇이다.
> 생각이 맑고 고요하면 말도 맑고 고요하게 나온다.
> 생각이 야비하거나 거칠면 말 또한 야비하고 거칠게 마련이다.
> 그러므로 그가 하는 말로써 그의 인품을 엿볼 수 있다.
> 그래서 말을 존재의 집이라 한다.
>
> 법정 스님

인간이 다른 동물보다 뛰어나게 진화하게 된 것은 언어를 사용하기 때문이다. 인간은 말을 하고 글을 쓸 줄 아는 유일한 동물이다. 그래서 커뮤니케이션은 인간 생활에서 너무나 중요한 것이다. 서로 의사소통이 가능하기 때문에 인간관계가 그런대로 유지될 수 있는 것이다. 대화 없이는 사람 사이에 의사소통이 이루어질 수가 없다.

인간관계는 소통(커뮤니케이션)을 통해 시작되고, 발전하며, 깨어지기도 한다. 모든 인간관계는 말로 이루어지기 때문에 대화로 말미암아 좋은 일이 생길 수도 있고, 나쁜 일이 생길 수도 있다. 인간의 역사란 말의 역사라고 할 수도 있다.

가족이나 조직체에서 의사소통이 잘 이루어지지 않으면 오해가 생겨 구성원 사이의 관계가 원만하지 못하게 된다.

인간이 말을 만들고, 말이 인간을 만든다고 한다. 사회생활을 해나가는 데 부드럽고 고운 말씨를 사용하면 상대를 즐겁게 해주고 본인 자신도 즐겁다.

일본의 에모토 마사루는 그의 저서 《물은 답을 알고 있다》에서 물에도 의식이 있다고 주장한다.

물에게 '사랑'과 '감사'라는 글을 보여주었더니 물은 견줄 데 없이 아름다운 육각형 결정(結晶)을 나타냈다. '악마'라는 글을 보여주었을 때에는 중앙의 시커먼 부분이 주변을 공격하는 듯한 형상을 보였다. 물에게 쇼팽의 〈빗방울〉이란 곡을 들려주자 정말 빗방울처럼 생긴 결정이 나타났고, 〈이별의 곡〉을 들려주자 결정들이 잘게 쪼개진 형태가 되었다.

긍정적으로 생각하면 긍정적인 결과를 가져오고 부정적으로 생각하면 부정적인 결과를 가져오는 것이다. 아름다운 말을 사용하면 마음이 가볍고, 상스럽고 거친 말을 사용하면 스스로 마음이 편치 않다.

일상생활에서 부드럽고, 아름다운 말을 사용하면 상대에게 호감을 살 수 있다. 아이들에게 고운 말을 사용하는 훈련을 시켜야 한다.

또 에모토 마사루는 밥을 똑같은 유리병에 넣고 실험하였다.

A라는 병에 '감사합니다'라는 글을 써 붙이고 B라는 병에는 '망할 자식'이라는 글을 써 붙였다. 그런 다음에 두 초등학생에게 각각 병에 대고 두 가지 말을 하게 하였다. 한 달 뒤에 '감사합니다'라고 말한 병의 밥은 발효되어 향기로운 누룩 냄새가 났고, '망할 자식'이라는 말한 병의 밥은 부패해서 검은색으로 변하였다. 평소에 아름다운 말을 많이 사용하고, 거칠고 상스러운 말을 삼가야 할 것이다.

원만한 의사소통 능력의 부족으로 직장생활을 하면서, 또는 사회생활을 해나가는 데 어려움을 겪고 있는 사람들이 많다. 조직생활에서 말을 잘하는 것은 매우 중요하다. 상사에게 보고할 때, 부하 직원을 모아 놓고 지시를 내릴 때 말을 조리있게 잘해야 한다.

독일의 소설가 토마스 만은 "언어 자체가 문명이다. 말은 사람을 문명인으로 만들기도 하지만 야만인으로 만들기도 한다. 마음을 치유하기도 하지만 상처를 주기도 한다"고 말하였다.

사람들은 말을 안 해서 후회하는 것보다 말을 해버렸기 때문에 후회하는 경우가 더 많다고 한다.

말 한마디 잘못하여 크게 손해 볼 수가 있고, 신세를 망칠 수도 있다. 입은 사람을 상하게 하는 도끼가 되기도 하고, 혀는 자신을 베는 칼이 되기도 한다는 말이 있다. 또, 성경에는 미련

한 자는 그 입으로 망한다고 씌어 있다.

낮말은 새가 듣고, 밤 말은 쥐가 듣는다(Walls have ears).

꼭 비밀에 붙여야 할 사항을 실수해서 발설함으로 큰 파문을 일으키는 경우가 많다. 신중하게 생각한 다음 말하는 습관을 길러야 한다. 더욱이, 술을 마셨을 때 말조심해야 한다. 술에 취해서 자기도 모르게 해서는 안 될 말을 하는 실수를 저지르는 경우가 많다.

'말 한 마디에 천 냥 빚을 갚는다'는 속담도 있다. 말 잘해서 크게 이익을 볼 수가 있다.

고려시대 서희는 거란의 침략 때 적장 소손녕과의 외교적 협상에서 말을 잘하여 강동 6주를 얻게 되었다.

말을 잘하여 그것이 사회적으로 높은 지위에 있는 사람의 호감을 사서 출세하는 경우도 있다. 사회생활을 해나가는 데 협상을 해야 할 경우가 많다. 인생은 협상의 연속이다. 말을 조리 있게 잘해서 상대를 설득시켜 중요한 협상을 유리하게 이끌 수 있다.

행복하다고 말하는 동안은
나도 정말 행복한 사람이 되어
마음에 맑은 샘이 흐르고

고맙다고 말하는 동안은
고마운 마음 새로이 솟아올라
내 마음도 더욱 순해지고

아름답다고 말하는 동안은
나도 잠시 아름다운 사람이 되어
마음 한 자락 환해지고

좋은 말이 나를 키우는 걸
나는 말하면서 다시 알지.

이해인 수녀의 시 〈나를 키우는 말〉

2. 말 잘해야 리더가 될 수 있다

> 사람을 이롭게 하는 말은 솜처럼 따뜻하지만,
> 사람을 상하게 하는 말은 가시처럼 날카롭다.
> 한 마디의 말이 잘 쓰이면 천금 같고,
> 한 마디 말이 사람을 해치면 칼로 베이는 것처럼 아프다.
> 《명심보감》

세계적인 경영학 박사 피터 드러커는 앞으로 21세기를 이끌어갈 수 있는 지도자는 소통(커뮤니케이션)에 능한 사람이 될 것이라고 하였다.

B.C. 5세기 직접 민주 정치가 발달하였던 그리스의 도시 국가 아테네에서는 젊은이들에게 정치 활동에 필요한 변론술을 가르치는 전문적인 교사인 소피스트가 등장하였다. 그 당시 젊은이들은 민회에서 두각을 나타내려고 변론술을 열심히 배웠던 것이다.

근래에 와서 우리나라에서도 커뮤니케이션 교육에 대한 관심이 높아지고 있다. 2004년 서울대학 언론정보학과에서 교양 과목으로 말하기 강좌를, 연세대학에서는 2005년부터 말하기와 토론 강좌를, 성균관대학에서도 글쓰기와 커뮤니케이션 강좌를 개설하였다.

프리젠테이션(Presentation)에 능하면 크게 주목을 받을 수 있다. 발표력이 뛰어나면 협상할 때, 대화할 때, 토론할 때, 강연할 때, 강의할 때 돋보이게 된다.

2009년 사법시험에서 2차 합격자 1,019명 가운데 997명이 최종 합격하고, 29명이 불합격 처리되었다. 예년보다 2배 이상 늘어난 것이다. 3차 시험에 떨어진 이들은 법률 지식이나 논리적 발표 능력이 부족한 경우가 대부분이었다고 한다.

지금 토론 문화가 크게 확산되고 있는 추세이다. 학교에서 토론식 수업을 많이 하고 있고, 직장에서도 토론을 중시하고 있다. 이때 요령 있게 말을 잘해야 주위 사람들의 주목을 끌 수 있다.

옛날에 공자와 소크라테스도 제자들과 토론식 수업을 즐겼다. 토론식 수업을 하면 자연적으로 발표력이 향상되고, 수업 내용을 오래 기억할 수 있다. 따라서 가정에서 가족들이 어떤 주제를 놓고 토론하는 것도 바람직스럽다.

대학 입시 때, 취업 시험 때 면접(그것도 심층 면접)을 점점 더 중요시하고 있는 경향이 있다. 면접 때에는 자기의 주장이나 의견을 면접관을 똑바로 바라보면서 뚜렷하게, 자신 있게, 그러면서 조리 있게 말해야 한다. 수줍은 태도를 취하거나 우물쭈물해서는 안 된다.

그리고 자사고·특목고 등 입시에서, 대입 전형에서 입학사정관제가 점차 확대되고 있다. 입학사정관에 의한 전형에서는 수험생이 논리적이고 개성 있게 발표하는 것이 중요하다.

학교에서 학생회장 선거 때 우선 발표력이 뛰어나야 주목을 받아 많은 표를 얻을 수 있다.

국회의원, 지방자치 단체장, 지방 의회 의원 선거 때가 되면 웅변 학원은 문전성시를 이루게 된다.

방송국의 아나운서, 앵커로 활약하면서, 또는 토론회에서 사회를 맡아서 말을 잘하여 인기를 얻은 다음 정치계로 진출하는 사람이 많다. 말 잘해야 리더가 될 수 있다. 말 잘하는 것은 큰 재산이라 할 수 있다.

어떻게 하면 리더가 될 수 있을까? 그 방법을 생각해 보도록 하자.

① 초·중·고등·대학교에서 임원으로 활동한다.
② 동아리나 단체에서 회장 등 임원으로 활동한다.
③ 리더는 뚜렷한 비전을 가지고 있어야 한다. 그리고 미래에 대한 통찰력이 있어야 한다.

④ 의사소통에 뛰어나 구성원들을 설득시키고 감동을 줄 수 있어야 한다.
⑤ 리더는 판단력과 추진력이 있어야 한다.
⑥ 리더는 겸손하고 남을 배려할 줄 알아야 한다.
⑦ 리더는 친절하고 예의를 잘 지킬 수 있어야 한다.
⑧ 리더는 책임감이 투철하고 솔선수범해야 한다.
⑨ 리더는 여러 사람에게 신뢰감을 줄 수 있어야 한다.
⑩ 구성원의 목소리에 귀를 기울일 줄 알아야 한다.
⑪ 리더는 구성원을 이끌어 나가는 통솔력이 있어야 한다.
⑫ 리더는 긍정적인 태도를 지니고 있어야 한다. 사회 활동의 경험이 많아야 한다.
⑬ 리더는 열린 마음과 포용력을 지니고 있어야 한다.
⑭ 리더는 열정과 도전 정신을 지니고 있어야 한다.

대화에서 가장 중요한 요소는
상대가 말하지 않는 부분을 알아내는 데 있다.

피터 드러커

3. 말 잘하는 것은 큰 재산이다

> 말을 할 때에는 심사숙고하고 발음을 정확히 해야 한다.
> 너무 서두르지 말고 또렷하게 논리정연하게 대화를 이끌어나가라.
>
> 미국의 초대 대통령 조지 워싱턴

아나운서가 되려고 끊임없이 연습한다. 합격한 뒤에도 끊임없이 계속 연습한다. 꾸준히 연습해야 일정한 경지에 도달할 수가 있다.

기원전 4세기에 활동했던 고대 그리스의 데모스테네스는 말을 더듬는 언어 장애가 있었지만, 바닷가에서 입에 자갈을 물고 훈련하는 그야말로 피눈물 나는 노력으로 유명한 연설가가 될 수 있었다.

말을 잘하려면 우선 대중 앞에서의 공포증을 없애야 한다. 공포증을 없애려면 거울을 보면서, 가족 앞에서 또는 여러 사람 앞에서 현장감 나게 꾸준히 연습해야 하는 것이다. 그리고 잘 해낼 수 있다는 자신감이 중요하다.

요령 있게, 호소력 있게 말하여 듣는 사람을 감동시켜야 한다. 말할 때에는 반드시 듣는 사람의 눈을 마주보면서 말해야지, 허공이나 바닥을 쳐다보는 것은 좋지 않은 태도이다. 말할 때에는 발음이 정확해야 하는 것은 물론, 목소리가 좋고 위엄이 있고 상대를 압도할 수 있는 카리스마가 있어야 한다.

표정 관리를 잘하고, 적당히 제스처를 취하는 것도 효과적이다. 유머를 섞어 가면서 말하면 더 주목을 끌 수 있다.

네덜란드의 철학자 스피노자는 "유머 감각이 있는 사람은 환영을 받고 유머 감각이 담긴 말은 스트레스를 주지 않는다"고 말하였다.

미국 TV의 MC로 토크쇼의 여왕인 오프라 윈프리는 미국뿐만 아니라 세계 여러 나라에서 많은 시청자를 가지고 있다. 그녀는 전 세계적으로 유명하고, 많은 재산도 모았다. 그녀는 말 잘해서 출세한 인물이다. 1993년, 소설 《재즈》를 써서 노벨 문학상을 받은 여류 작가 토니 모리슨은 그녀의 영향력은 혁명이라고까지 말하였다. 오프라 윈프리는 오늘날의 자기를 있게 한 것은 독서라고 하였다.

존 F. 케네디는 가정에서 가족들과 저녁을 먹으면서 《뉴욕 타임스》 기사에 대해 토론하였다. 이와 같은 토론식 교육을 받은 케네디는 TV의 대통령 후보 토론에서 닉슨을 압도하여 44세,

최연소로 미국 대통령에 당선되었다. 말 잘하는 것의 위력은 대단한 것이다.

《마음을 열어주는 101가지 이야기》를 쓴 잭 캔필드와 《성공하는 가족들의 7가지 습관》을 쓴 스티븐 코비는 한 번 강연하는 데 1억 7천만 원을 받는다고 한다. 미국의 동기부여 강사 브라이언 트레이시는 한 번 강의에 3~5억을 받는다고 한다. 말 잘하는 것은 큰 재산이라 할 수 있는 것이다.

> 확신에 찬 말을 하고 나면 자신도 모르게 확신을 갖게 되고
> 확신을 갖게 되면 엄청난 추진력을 이끌어낼 수 있다.
>
> 피터 드러커

4 상대방의 말을 잘 듣는 것이 중요하다

> 사람들에게 호감을 갖게 하는 방법은 간단하다.
> 다른 사람의 말을 열심히 듣는 것이다.
> 영국 정치가 디즈레일리

몽고 제국을 건설한 칭기즈칸은 자기 이름도 쓸 줄 몰랐으나, 남의 말에 귀를 기울이면서 현명해지는 법을 배웠다.

삼성 그룹의 창업자 이병철은 아들 이건희에게 붓글씨로 '경청'이라는 휘호를 써 주었다. 이건희 회장은 이 휘호를 벽에 걸어 놓고 보았다. 그래서 이건희 회장은 자신의 말을 아끼고 상대방의 말을 경청하는 것으로 유명하다.

미국에서 가장 영향력 있는 사람, 말 잘하는 사람으로 유명한 오프라 윈프리는 다른 사람의 말을 잘 듣는 태도가 자신의 성공 비결이라고 말한다.

'하느님이 인간을 창조할 때 입은 하나, 귀는 둘을 만드셨다. 이는 인간이 말을 하는 것보다 두 배나 더 많이 남의 말을 들어야 하기 때문이다'라는 내용이 《탈무드》에 씌어 있다.

어떤 학자는 "상대방과 상담하는 데 별다른 비결 같은 것은 없다. 단지 상대의 이야기에 귀를 기울이는 것이 중요하다. 어떤 아부보다 더 효과가 있다"고 말하였다.

말하는 매너에 못지않게 중요한 것이 상대방이 말하는 것을 끝까지 듣는 매너이다. 자신의 생각과 주장을 바르게 전달하려면 먼저 상대방의 의견을 진지하게 들어주어야 한다. 다른 사람의 의견을 무시한 채 자기 주장만 되풀이하는 사람은 다른 사람에 대해 배려할 줄 모르는 사람이고, 결국 우물 안 개구리 신세를 면하지 못할 것이다.

다른 사람의 이야기에 귀를 기울일 줄 아는 사람이 보다 신중하게 생각하게 되고 보편타당한 의견을 내놓을 수 있다. 다른 사람의 말을 주의 깊게 들으면 지식·지혜를 배울 수 있고, 중요한 정보도 얻을 수 있다. 얼굴을 쳐다보면서 관심을 보이고 상대방이 말하는 것을 잘 들어야 한다. 그러면 말하는 사람도 말을 듣는 상대에게 관심을 갖고 좋아하게 된다. 말하는 사람은 자기 말을 열심히 들어주는 사람이 있으면 그야말로 신나게 된다.

경청하면 어떤 좋은 점이 있을까?

① 상대의 말을 주의 깊게 들으면 지식·지혜·정보와 그 사

람의 간접 경험을 배우게 된다.
② 상대의 말을 집중해서 들으면, 상대에게 호감을 사게 되고 그 상대는 나를 좋아하게 된다.
③ 상대의 말을 경청하는 과정에서 집중력이 생긴다.
④ 상대의 말을 경청하면 상대방을 더 이해할 수 있다.

자기 자신이 이야기하는 것과 남의 말을 잘 들어주는 것 가운데 어느 것이 어려울까?

일반적으로 사람들은 자기가 말하는 것을 좋아하고 다른 사람이 말하는 것을 잘 듣지 않으려는 경향이 있다.

현명한 사람들은 많이 듣고, 조심스럽게 말한다. 남의 말을 들으면 귀중한 것을 배우지만, 이와 달리 본인이 말하면 아무것도 배우지 못한다는 것을 알고 있기 때문이다.

말하기 전에 몇 번이고 신중하게 생각한 다음 말을 하는 것이 좋다. 말하는 것보다 상대의 말을 경청하는 것이 중요하다. 이것은 쉽지 않기 때문에 의도적으로 노력해서 경청하는 습관을 길러야 한다.

학생들은 당연히 수업 시간에 정신을 집중해서 선생의 설명을 잘 들어야 한다. 선생님은 강의를 열심히 듣는 학생을 좋아하게 된다. 공부 잘하려면 선생님과 친해야 한다.

상대방이 말하고 있을 때 중간에 가로막고 끼어드는 것은 큰 실례이다. 말하는 훈련도 필요하지만, 그것보다 더 중요한 것은 말을 잘 듣는 훈련이다.

영국의 문호 셰익스피어는 "세련된 화술은 듣는 것에서부터 출발한다"고 말하였다. 듣는 매너가 매우 중요한 것이다.

사람들은 대개 듣는 것보다 말하기를 더 즐거워한다. 하지만 듣는 것은 말하는 것보다 더 어려운 기술로 인내심이 필요하다.

입보다 귀를 높은 지위에 놓아라.
유대인의 《탈무드》

5. 글쓰기 능력을 길러야 한다

> 사람이 글을 쓰고, 글이 인격을 만든다.
> 그리고 인격이 문장을 만든다.

문(文)은 무(武)보다 강하다(The pen is mightier than the sword). 책은 개인에게도, 국가에도 큰 영향을 준다.

베토벤은 괴테와 셰익스피어 등 유명한 작가의 문학 작품을 많이 읽었다. 베토벤은 독서로 상상력과 창의력을 키워 유명한 음악 작품을 창작할 수 있었다.

빌 게이츠는 지독한 독서가였다. 독서로 창의력을 얻을 수 있어 컴퓨터의 황제가 될 수 있었다. 앞서 말했듯이 《상식》이란 책이 미국의 독립혁명에 영향을 주어 역사의 흐름을 바꾸어 놓았다. 글의 힘은 크다. 그래서 언론을 행정부·입법부·사법부의 3부와 함께 4부라고 부른다.

말 잘하는 것 못지않게 중요한 것이 글을 잘 쓰는 것이다. 영국 작가 조앤 롤링은 《해리 포터》를 써서 1조 원 이상을 벌었다(그녀의 수입은 인세를 계속 받기 때문에 증가한다). 미국의 전 대통령 클린턴은 자서전 집필 선금으로 약 138억 원을 받았다. 글 잘 쓰는 것은 큰 재산이고 영광이다.

책을 많이 읽은 학생의 학업 성적이 우수하듯이, 글쓰기를 좋아하는 학생들이 성적이 우수하다. 글쓰기는 상상력을 동원한 창의적인 훈련이다.

글쓰기는 논리적인 사고와 집중력 향상에 도움이 될 뿐 아니라 잠재적인 능력을 끌어낼 수도 있다. 그리고 연구 결과에 따르면 글쓰기를 좋아하는 아이들은 학교 공부에 높은 흥미를 보여 성적이 우수하다고 한다. 글 쓰는 과정은 생각을 자극하고 생각한 것을 논리적으로 정리하는 훈련의 기회를 제공하기 때문에 글쓰기는 공부에도 도움이 된다.

2007년 서울대 정시 전형에서 법대에 수석 입학한 이정덕(대일외고 졸) 학생은 내신 성적이 법대 합격 수준에 약간 밑돌았다. 그래서 논술 고사에서 점수를 올려야 되겠다고 생각하고 논술에 대비하는 데 가장 효과적이라고 생각해서 윤리와 사회 교과서를 거의 외웠다고 한다.

글을 잘 쓰면 여러 면에서 유리하다. 글쓰기 할 때, 논술 고사 답안을 작성할 때 사법·행정·외무 고시에서 주관식 문제 답안을 작성할 때 체계적으로 논리 정연하게 써야 좋은 점수를 받을 수 있다. 문장력이 뛰어나야 하는 것이다.

두산중공업에서는 사원 채용할 때 토익 점수나 학교 성적보다 자기 소개서를 중요시한다. 자기 소개서는 시중에 나와 있는 그런 붕어빵식의 자기 소개서는 곤란하다. 자기소개서에는 개성 있게 자기의 비전에 대해 솔직하게 써야 좋은 인상을 주게 된다.

대학교수들이 수험생들의 논술 답안을 채점할 때 판박이 같은 답안지에 질렸다고 한다.

중국 송나라의 문인 구양수는 글을 잘 쓰려면 많이 읽고, 많이 생각하고, 많이 써봐야 한다고 말하였다.

글 잘 쓰기 위해서는 규칙적으로 일기 쓰는 것도 중요하다. 일기는 여러 번 생각하거나 느낀 것을 쓰는 것이기 때문에 논리적인 글쓰기와 발표력에도 도움을 주게 된다.

러시아의 소설가 레오 톨스토이는 19살부터 63년 동안 일기를 썼다. 그의 자녀들도 아버지의 영향을 받아 일기를 썼다. 일기 쓰기는 글 쓰는 능력을 향상시키는 데 크게 도움이 된다.

정약용, 이황, 찰스 다윈은 편지를 많이 썼던 인물들이다. 편지는 써서 보내는 사람, 그 편지를 받아 읽는 사람 모두에게 좋은 감정을 불러일으킨다.

  미국의 대학에서는 논문 쓰는 법을 가르치는 강좌가 필수 과목이 되었고, 문예 창작 강좌에 수강생이 많이 몰린다고 한다.

> 효과적인 리더십이 갖추어야 할 마지막 요건은 신뢰를 확보하는 일이다.
> 신뢰라는 것은 언행이 일치하고 있음에 대한 확신이다.
> 리더의 행동과 그 자신이 공언한 신념들은 일치되어야만 한다.
> 그렇지 않은 경우 적어도 모순이 없어야 한다.
>
> 피터 드러커

6 어려서부터 글씨를 잘 쓸 수 있도록 지도해야 한다

　글씨는 사람의 얼굴과 같은 것이다. 얼굴에 나타난 인상이 좋아야 사람들로부터 호감을 살 수 있듯이 글씨를 잘 써야 사람들로부터 호감을 살 수 있다. 대학 입시 논술 고사, 대학의 중간·기말고사, 입사 시험, 사법·행정·외무 고시에서 주관식 문제의 답안지를 작성할 때 글씨를 잘 써야 채점자의 호감을 사서 후한 점수를 받을 수 있다. 대체로 대학에서 남학생보다 여학생이 글씨를 예쁘게 잘 쓰기 때문에 학점이 더 좋다.

　초·중·고등학교에서 출제되는 서술형·논술형 문제의 답을 쓸 때에도 글씨를 잘 써야 좋은 점수를 받을 수 있다. 상대방이 알아보기 힘들 정도로 글씨가 엉망이면 크게 손해를 본다. 어려서부터 연필 잡는 법을 올바르게 가르쳐야 하고 글씨도 바로

잡아 주어야 한다. 글씨를 보기 좋게 잘 쓰면 주위 사람들이 부러워한다. 글씨 잘 쓰는 것은 큰 자랑거리다.

기적이나 큰일은 아주 작은 일로부터 시작된다.
작은 일을 무시하고는 결코 위대한 일이 성취될 수 없다.

인내심을 가지고 꾸준히 노력하는 사람이 성공한다

겨울이 왔다면, 봄 또한 멀지 않으리
(If winter comes, can spring be far behind?)
영국 시인 셸리

성공은 가장 끈기 있게 노력하는 사람에게 돌아간다.
나폴레옹

1 끈기 있게 노력하는 사람이 성공한다

> 세상에는 끈기를 대신할 수 있는 것이 없다.
> 재능도 끈기를 대신할 수 없다. 끈기와 결단력만 있으면 못할 일이 없다.
> 미국의 투자 귀재 워런 버핏

노력은 성공의 어머니이다(Effort is the mother of success).

사람의 능력 가운데 가장 무서운 것이 노력이라 한다. 전혀 불가능하다고 생각했던 것이 끊임없는 노력으로 이루어졌다. 불가능하다고 생각했던 달나라에 가게 되었다. 인간의 끊임없는 노력으로 과학이 오늘날과 같이 비약적으로 발달하게 되었다.

에디슨은 1만 번 이상의 실험 실패 끝에 전구를 발명하였다고 한다. 수없이 실패했는데도 끝까지 좌절하지 않고, 인내심을 가지고 끈기 있게 노력한 결과 전구를 발명한 것이다.

그래서 천재란 태어나는 것이 아니라, 만들어지는 것이라는 말이 있다.

에디슨은 천재란 99퍼센트의 노력과 1퍼센트의 영감에 의해서 탄생한다고 주장하였다. 에디슨은 10대 소년 시절부터 노년에 이르기까지 하루에 16시간 연구에 몰두하였다고 한다.

스페인의 사라사테가 천재 바이올리니스트가 될 수 있었던 것은 37년 동안 하루에 14시간씩 끊임없이 연습했기 때문이다.

퀴리 부부는 라듐을 분리하기 위하여 4년 동안 5,677회 실험을 했다.

운동 경기에서 절대 깨어지지 않을 것이라 여겼던 신기록도 인간의 끊임없는 노력으로 깨진다.

끊임없는 노력이 천재를 만드는 것이고, 천재는 인내할 줄 아는 사람이다. 한 분야에서 천재가 될 수 있었던 것은 열정을 가지고 몰입했기 때문이다. 불광불급(不狂不及), 미치지 않으면 미칠 수 없다. 한 분야에 열정을 가지고 미친 듯이 몰입해야 이룰 수 있다.

노력의 대가는 정직하다. 노력은 배반하지 않는다.

노력 없이 얻을 수 있는 것은 없다(No pains, no gains).

일찍 일어나는 새가 벌레를 잡을 수 있다(The early bird catches the worm).

근면은 사람이 살아가는 데 큰 재산이 된다. 부지런한 사람이 공부도 잘할 수 있고, 종사하는 분야에서 성공할 수 있다.

사람들은 부지런한 사람을 신뢰한다.

부지런한 사람에게 기회가 오고, 행운도 찾아온다.

게으름은 모든 악의 근원(Idleness is the root of all vice)이다.

게으른 사람은 행동은 하지 않고, 변명하거나 남을 탓하기만 한다. 게으른 사람은 사는 것이 지루하다고 생각해서 결코 행복할 수가 없다. 게으름은 사람을 무능력한 존재로 만든다.

> 용감한 사람은 좌절하지 않는다. 성공할 때까지 시도하고 또 시도한다.
> 단 한 번의 도끼질로 나무를 쓰러뜨릴 수 없다.
> 수차례 도끼질을 하고 많은 수고를 들인 뒤에야 나무를 쓰러뜨릴 수 있다.
> 사람들은 어떤 사람이 이루어낸 성공만 볼 뿐
> 그것을 이루어내기 위해 겪어야 했던 고난과 고통, 수고는 생각하지 않는다.
>
> 영국의 사상가 새뮤얼 스마일스의 인격론에서

2 인내심을 기르는 것이 매우 중요하다

> 세상에 인내 없이 이룰 수 있는 일은 아무 것도 없다.
> 재능으로는 안 된다. 위대한 재능을 가지고도 성공하지 못한 사람은 많다.
> 천재성으로도 안 된다. 성공하지 못한 천재는 웃음거리만 될 뿐이다.
> 교육으로도 안 된다. 세상은 교육 받은 낙오자로 넘치고 있다.
> 오직 인내와 결단력만이 무엇이든 이룰 수 있다.
> 재능도 끈기를 대신할 수 없다. 끈기와 결단력만 있으면 못할 일이 없다.
>
> 맥도날드 창업회장 레이 크록의 사무실에 걸린 캘빈 쿨리지의 글

인내는 쓰지만 그 열매는 달다(Patience is bitter, but its fruit is sweet).

인내는 성공의 반이라는 유대의 격언도 있다.

노력에는 인내심이 필요하다. 재능이 있으면서 인내심이 부족하기 때문에 성공하지 못하는 사람이 많다.

사람이 살아가는 데 중요한 것 가운데 하나는 인내심을 키우는 일이다. '참을 인(忍)' 자 셋이면 살인도 막을 수 있다는 말이 있다. 대부분의 범죄는 참지 못해서 생겨나는 것이다.

IBM의 창업자 토마스 왓슨은 오직 인내력과 결단력이 무엇이든지 해낼 수 있는 힘이라고 강조하였다.

인생은 마라톤과 같은 것이다. 경쟁 상대는 바로 자기 자신이다. 미국의 성공학 연구가 브라이언 트레이시는 그의 저서

《빅토리》에서 '세상에서 가장 힘든 싸움은 자기 자신과의 싸움이다. 나를 이길 수 없다면 다른 사람과의 경쟁에서도 이길 수 없다'고 썼다.

미국인 최초로 에베레스트 정상에 오른 제임스 휘태커는 "인간이 산을 정복할 수 없다. 다만 자기 자신을 정복할 뿐이다"라고 말하였다.

빨리 자고 싶은 것을 참지 못한다면, 컴퓨터 게임하고 싶은 것을 참지 못한다면 제대로 공부할 수 없다.

이런 유혹과 싸워 이겨낼 수 있는 용기 있는 인내가 필요하다. 게임 같은 것은 습관성이 강하기 때문에 한 번 빠져들면 좀처럼 헤어나기가 어렵다.

심리학자 대니얼 카너먼은 '인간의 행동은 이성의 지배를 받기보다는 감정의 지배를 더 많이 받는다'고 주장하였다.

감정의 지배를 받지 않고, 자기 감정을 다스릴 수 있는 자제력을 키워야 한다. 감정을 제대로 다스리지 못하고, 감정이 내키는 대로 행동하면 큰 사고를 일으킬 수 있다.

독일의 시성 괴테는 "가장 위대한 일은 자신을 다스리는 법을 더 배우는 것이다"라고 말하였다.

여기에 스탠포드 대학의 W. 미셸 박사의 마시멜로 실험을 소개하기로 한다.

　네 살짜리 200명에게 마시멜로(과자의 일종)와 사탕을 나누어 주고 15분 동안 먹지 않고 참고 기다리면 두 가지를 다 주고, 참고 기다리지 못할 때에는 벨을 누르면 한 가지만 주겠다고 약속하였다. 실험에 참가한 아이 가운데 3분의 1은 유혹에 넘어가 참지 못하고 먹어 치웠고, 나머지 3분의 2에 해당하는 아이들은 참고 견디어 두 가지를 다 먹을 수 있었다.

　미셸 박사가 마시멜로 실험에 참가했던 아이들의 삶을 20년 동안 추적 조사한 결과를 발표하였다.

　마시멜로 실험을 통해 알 수 있는 것은 무엇일까?
① 끝까지 참고 유혹을 이겨낸 아이들은 성인이 된 뒤 유혹을 이겨내지 못한 아이들보다 학업 성적과 사회생활을 영위하는 능력이 훨씬 뛰어났다고 한다.
② 인내심을 가지고 유혹을 뿌리칠 수 있는 용기가 있어야 성공할 수 있다.
③ 일시적인 만족보다 미래의 보다 큰 만족을 위해 참는 것이 중요하다.
④ 유혹을 이겨냈다는 자부심이 생겨, 모든 일에 자신감을 갖게 된다.

⑤ 자기 자신을 통제할 수 있는 자제력이 중요하다.
⑥ 자신과의 싸움에서 이겨내야 미래의 목표를 달성할 수 있다.

> 세상에서 가장 현명한 사람은 모든 사람으로부터 배울 수 있는 사람이고
> 가장 사랑받는 사람은 모든 사람을 칭찬하는 사람이요,
> 가장 강한 사람은 자신의 감정을 조절할 줄 아는 사람이다.
>
> 유대인의 《탈무드》

꿈을 꾸어야 꿈을 이룰 수 있다

한 신하가 페르시아 원정을 떠나는 알렉산더 대왕에게
가장 아끼는 보물이 무엇이냐고 물었을 때 이렇게 대답하였다.
"희망"

가장 큰 파산은 열정을 잃는 것이다.
모든 것을 잃어도 열정만은 잃지 말라.
그러면 언제든 다시 일어설 수 있다.
H.W. 아놀드

하늘은 스스로 돕는 사람을 돕는다.
(Heaven helps those who help themselves)
새뮤얼 스마일스

1 자신감을 심어주어야 한다

> 신념을 가지고 있는 한 사람의 힘은
> 관심만 가지고 있는 아흔 아홉 사람의 힘과 같다.
> 영국의 공리주의 철학자 존 스튜어트 밀

하버드 대학에서 조사한 바에 따르면, 학생들이 공부를 잘하기 위해 가장 중요하다고 생각한 것은 지능이나 환경보다는 자신감이라 생각하는 사람이 많았다.

자신감은 생활의 활력소이고 성공으로 이끌어 준다. 계획을 세워 최선을 다해 열정적으로 추진하다 보면 할 수 있다는 신념과 자신감이 생겨 성공할 수 있다.

성공학의 대가 나폴레온 힐은 "신념을 가지고 간절히 바라면 이루어진다. 신념이 강하면 어떤 한계도 뛰어넘을 수 있다. 반복된 사고는 강한 신념을 만든다"고 말하였다.

콜럼버스가 신대륙을 발견할 수 있었던 것은 지구가 둥글다는 신념을 가지고 있었고, 해낼 수 있다는 자신감이 있었기 때문이었다.

　헨리 포드가 V8 엔진을 개발할 때 그 밑에서 일하던 기사들은 불가능하다고 했다. 몇 번이나 실패했지만 무슨 일이 있어도 계속 도전하라고 독촉하였다. 실패를 거듭한 끝에 꿈에 그리던 8개의 실린더 엔진을 개발해냈다. 이것은 포드의 확고한 목표, 강한 자신감, 굽히지 않는 도전 정신, 과감한 추진력의 산물이라 할 수 있다.

　뜻이 있는 곳에 길이 있다(Where there is a will, there is a way).

　월트 디즈니는 어려서부터 만화에 대한 꿈을 버리지 않았다. 그 꿈을 실현시키기 위해 갖은 고생을 하면서도 참고 자신감을 갖고 끊임없이 노력한 결과 세계적인 만화 제작자가 되었다.

　세상에서 집념처럼 무서운 것은 없다. 집념은 무에서 유를 창조하고, 불가능한 것을 가능하게 만든다. 굳은 신념과 자신감이 없으면 어떤 일도 성취해낼 수가 없다. 기어코 해내고야 말겠다는 의지력과 어떤 어려움도 이겨내고 해낼 수 있다는 자신감이 있어야 성공할 수 있다.

　누구에게도 지지 않으려는 승부 근성이 있어야 공부도 잘할 수 있고, 하는 일도 성공적으로 해낼 수가 있다.

　요즘 아이들은 고생을 모르고 자랐기 때문에 너무 나약해서 의지력·인내력·자신감이 부족하여 쉽게 단념하거나 포기하는 경향이 많다.

자신감과 희망을 가지고 도전하면 성취의 기쁨을 맛볼 수 있다.

보지도, 듣지도, 말하지도 못하는 헬렌 켈러는 희망은 사람을 성공으로 이끄는 신앙이고, 희망이 없으면 성공할 수 없다고 하였다.

꿈은 이루어진다(Dream comes true). 사람은 꿈을 먹고 사는 동물이다. 미래는 도전하는 사람의 것이다.

해낼 수 있다는 자신감과 의지력을 갖고 목표와 계획을 세워 끈기 있게 노력하면 꿈은 이루어진다. 자녀들의 기를 꺾지 말고, 자신감을 심어 주어야 한다.

> 우리 운명의 주인은 우리 자신이며,
> 우리 앞에 놓인 과업은 우리의 능력으로 충분히 해낼 수 있다.
> 우리는 그 과업을 해내는 데 따르는 고통도 참을 수 있다.
> 목표에 대한 신념이 있고 승리하겠다는 의지가 있다면
> 승리는 우리를 비켜가지 않을 것이다.
>
> 영국 수상 윈스턴 처칠

2. 목표 없는 성공 없다

> 목표가 있는 사람은 실력 이상의 힘을 발휘하고,
> 목표가 없는 사람은 자신의 실력마저 발휘할 수 없다.
>
> 고대 로마 시인 호라티우스

누가 헬렌 켈러에게 장님으로 태어난 것보다 더 불행한 사람이 누구냐고 물었을 때, 헬렌 켈러는 주저 없이 "시력은 있지만, 비전이 없는 사람이다"라고 대답하였다.

성공학의 대가 나폴레온 힐은 각 분야에서 성공한 사람들의 공통점을 찾아냈는데, 성공한 사람들은 하나같이 확고한 목표와 그것을 끝까지 해내려는 의지가 강하다고 하였다.

여기에 1953년 예일 대학교 4학년 학생을 대상으로 실시한 목표 설정에 관한 연구 결과를 소개한다. 졸업을 앞둔 4학년 학생들에게 질문했는데 그 가운데 3가지는 목표를 세웠는가, 목표를 기록해 두었는가, 목표 달성을 위한 계획을 세웠는가이다.

응답자의 3퍼센트만이 목표를 세워 기록해 두어, 실천 계획을 세웠다. 13퍼센트는 목표는 있으나 기록해 두지 않았다. 나머지 84퍼센트는 전혀 목표를 세우지 않았다.

20년이 지난 1973년 그 연구 결과를 발표하였다. 목표는 있지만 기록하지 않았다는 13퍼센트는 목표를 세우지 않았던 84퍼센트보다 소득이 2배 더 많았다. 목표를 세워 기록한 3퍼센트는 나머지 97퍼센트보다 소득이 16배가 더 많았다.

목표를 세우는 것이 우리 인생에 얼마나 큰 영향을 주는지 알 수가 있다.

목표를 세운 사람은 목표를 세우지 않은 사람보다 성공할 가능성이 훨씬 많다.

24살에 일본 소프트뱅크 사를 창업한 손정의는 낡은 창고에 사무실을 차려 놓고 2명의 직원을 상대로 '우리 회사는 5년 안에 100억 엔, 10년 뒤에는 500억 엔, 15년 뒤에는 1조 엔의 매출을 올리겠다'고 당당히 그 목표를 발표하였다. 이 목표는 달성되어 소프트뱅크 사는 세계적인 기업으로 성장하게 되었다.

프랭클린 루스벨트는 "나는 젊었을 때 정치에 뜻을 세우고 여러 가지 쓰라린 일을 많이 겪었고, 실패도 한두 번이 아니었다. 그러나 굴하지 않고 걸어온 덕택으로 이렇게 대통령이 될 수 있었던 것이다. 생각하면 나의 생애는 일곱 번 넘어지면 여덟 번 일어났던 것이다"라고 말한 적이 있다.

그는 일찍이 대통령이 되겠다는 꿈을 키웠다. 그 확고한 목표를 위해 끊임없이 노력하고 도전한 끝에 대통령에 당선되었다. 그는 뉴딜 정책을 실시하여 경제 공황을 타개하는 등 훌륭한 업적을 남겼다.

오스트리아의 정신과 의사 빅터 프랭클은 나치의 강제수용소 아우슈비츠의 포로로 갇혀 있었다. 포로들은 굶주림, 야만적인 학대 등으로 죽음에 직면하게 되었다. 프랭클은 수용소에서 풀려난 다음 《죽음의 수용소에서》라는 책을 썼다. 이 책에서 프랭클은 살아날 수 있다는 희망과 살아남아야 할 이유, 분명한 목표를 가진 사람이 살아남게 되었다고 썼다.

목표가 있기에 목표가 달성된다. 목표 없는 성공은 있을 수 없다.

목표를 정하면 좋은 이유는? 나폴레온 힐을 비롯한 여러 전문가들의 주장을 종합해 본다.

① 시간이 절약되고, 집중할 수 있다.
② 방황하거나, 쉽게 포기하는 것을 막아준다.
③ 자긍심과 자신감을 높여준다.
④ 효과적인 해결 방법을 찾게 해준다.

⑤ 효율적으로 일할 수 있기 때문에 성취감을 맛볼 수 있다.
⑥ 더 노력하게 하고 추진력을 강화시켜준다.
⑦ 잠재력을 끌어내고, 가치관을 심어준다.

피터 드러커는 "꿈과 목표, 자신의 신념을 실천하는 유일한 방법은 행동이다"라고 말했다.

목표를 달성하는 데 성공한 사람들의 공통적인 특징은 굳은 의지, 강한 인내력, 끈기 있는 노력, 강한 추진력, 자신감 넘치는 열정, 좋은 성격, 원만한 대인관계, 소통 능력 등을 지니고 있다는 것이다.

자기의 목표를 잘 보이는 곳에 붙여 놓고, 기회가 있을 때마다 외쳐보기도 하고, 종이에 반복적으로 적어 보도록 한다. 예를 들어 '열심히 공부해서 의사가 되어 가난한 사람을 위해 봉사하겠다'와 같은 것이다. 목표를 외쳐대고, 종이에 쓰는 것이 다소 쑥스러울지 모르지만, 모르는 사이에 자신감과 의욕이 생기게 된다. 간절히 바라면 이루어지게 된다.

잭 D. 핫지는 그의 저서 《습관의 힘》에서 '달성하고자 하는 목표를 글로 쓰면 달성할 가능성이 훨씬 커진다. 무엇을 적는다는 것은 추상적인 생각을 구체적인 단어로 종이에 옮겨 놓는 것을 의미하기 때문이다. 글로 적으면 목표가 더욱 분명해지고 목표를 달성하고자 하는 의지가 강해진다'고 썼다.

목표를 세웠다고 목표가 달성되는 것은 아니다. 계획을 세워 목표를 달성하려고 꾸준히 노력해야 한다.

계획을 세우지 않는 것은 실패를 계획하는 것과 같다는 말이 있다.

계획은 구체적이어야 하고, 실천 가능한 것이어야 한다. 무리한 계획은 목표 달성을 어렵게 하여 좌절감을 맛보게 한다.

목표와 계획은 여러 사람 앞에서 공개하면 체면 때문에 또는 책임감 때문에 적극적으로 추진하게 된다.

목표를 달성하기 위해서 열정을 가지고 몰입해야 한다. 칙센트미하이 교수는 그의 저서 《몰입의 즐거움》에서 '사람이 가장 만족하는 순간은 자신이 원하는 일에 열중할 때'라고 썼다. 에디슨이 많은 발명을 할 수 있었던 것은 열정을 가지고 연구에 몰입했기 때문이다.

미국의 사상가이자 시인인 랠프 왈도 에머슨은 "열정은 노력의 어머니이다. 열정 없이 어떤 일도 성취할 수 없다"고 말하였다.

그렇다면 열정의 힘은 어떤 것인가? 존 맥스웰이 쓴 《최고의 나》에 씌어 있는 내용을 소개한다.

① 열정은 성취하게 한다.

② 열정은 에너지를 만든다.
③ 열정은 의지력을 강하게 만든다.
④ 열정은 탁월성의 기초이다.
⑤ 열정은 성공의 핵심이다.

꿈과 열정, 도전 정신이 없는 사람은 나이에 관계없이 노인과 같은 존재이다. 실패보다 더 나쁜 것은 포기하는 것이다.

빌 게이츠도 그의 자서전 《The road ahead》에서 자신의 성공 비결은 열정을 갖고 한발 빨리 실현하는 데 있다고 했다.

> 목표나 계획이 다 중요한 것인데
> 사람들은 왜 목표나 계획을 세우지 않을까?
> 가장 근본적인 이유는 자기가 세워 놓은 목표를
> 달성하지 못할 수도 있다는 두려움 때문이다.
> 지그 지글러의 《정상에서 만납시다》에서

3 실패로부터 교훈을 얻을 수 있다

> 분별력 있는 사람들에게 실패는 똑같은 실패를 반복하지 않도록 적절히 자기를 계발하고 사람을 대하는 요령을 익히며 자제력을 기르도록 자극한다.
> 새뮤얼 스마일스

목표를 세워 추진했다고 해서 모두 성공하는 것은 아니다. 성공할 때보다 실패할 때가 많다. 목표를 추진해 나가려면 시련도 있고 좌절도 있고, 실패하기도 한다.

성공한 사람들은 많은 시련·좌절·실패를 극복한 것이다.

다음은 에이브러햄 링컨의 이력서이다.
가난한 농부의 아들로 태어났다.
21세에 사업의 실패로 실직자가 되었다.
24세에 다시 사업에 실패했다.
26세에 애인이 죽었다.
34세, 36세에 하원의원 선거에서 두 번 다 패했다.

45세, 49세에 상원의원 선거에서 두 번 다 패했다.
1861년 52세에 16대 미국 대통령이 되었다.

링컨은 오뚝이 같은 인물, 전설적인 위대한 인물이다.

갖은 시련과 고통을 겪으면서, 실패에 실패를 거듭하면서 끈기 있는 집념, 불굴의 정신, 끊임없이 도전하는 정신으로 승리하게 되었다. 링컨이야말로 인간 승리의 표본이다.

링컨이 승리할 수 있었던 것은 위대한 목표와 용기가 있었기 때문이었다.

농구 황제 마이클 조던은 "나는 공을 던져 9,000번 이상 실패했으며, 300번이나 경기에서 졌고 26번이나 결승골을 던졌지만 넣지 못했다. 나는 평생 실패하고 또 실패했다. 이것이 내가 성공한 이유이다"라고 말했다.

펄 벅의 소설 《대지》는 출판사로부터 14차례나 거절당하였다. 그러나 실망하지 않고 출판사와 끈질기게 접촉해서 출판하게 되었다. 이 소설은 노벨상과 퓰리처상을 수상하고 세계적인 베스트셀러가 되었다.

마가렛 미첼은 무려 10년 동안 정성을 들여 소설《바람과 함께 사라지다》를 썼다. 그러나 수십 군데의 출판사로부터 거절을 당하였으나, 어떤 출판사 사장에게 꼭 한 번만 읽어 달라고

사정사정해서 간신히 출판하게 되었다. 이 소설 또한 불후의 명작으로 오늘날까지 많이 읽히고 있다.

실패는 성공의 어머니이다(Failure is the mother of success).

패배의식이 패배를 부른다. 용기 있는 도전과 실패의 경험이 없다면 성공도 없다.

인생이 끝나는 것은 실패했을 때가 아니라 포기했을 때이다. 실패보다 더 나쁜 것이 포기하는 것이다.

영국의 처칠이 옥스퍼드 대학 졸업식에서 축사를 하게 되었다. 청중들은 멋진 축사가 나올 것이라고 기대했다. 그러나 처칠은 "절대로 포기하면 안 된다"(Never give up)라고 일곱 번이나 외쳤다. 이것이 축사의 전부였다.

인간은 신이 아니기 때문에 실수할 수도 있고, 실패할 수도 있다. 현명한 사람은 자신의 실수나 실패를 인정하고 교훈을 얻지만, 대부분의 사람들은 어리석게도 다른 사람이나 환경을 탓한다.

아인슈타인은 "실수를 저지른 적이 없는 사람은 새로운 것을 시도해 본 적이 없는 사람이다"라고 말하였다. 실수·실패·고통은 사람을 분발시켜 성공으로 이끈다. 위기를 기회로 생각하고 실패를 발전의 기회로 삼아야 하는 것이다.

프랑스의 철학자, 의사 슈바이처는 "내가 겪어온 역경은 나에게 힘을 북돋아 준다"고 말하였다.

　한 일보다 하지 않은 일에 대해 더 많이 후회한다고 한다.

　어떤 어려움이 있어도 용기를 갖고 과감하게 도전하는 정신이 필요하다. 변화를 선택한 사람에게 기회가 오게 된다.

　실패할 것이 두려워 시도하지 않는 것이야말로 진짜 실패다. 용기를 갖고 도전해야 기회가 올 수 있다.

　실패로부터 얻은 교훈은 그 어떤 가르침보다 훌륭한 스승이라고 할 수 있다.

　SKT의 CEO는 신입사원 공채에서 출신 학교나 성적보다 도전 정신이 뛰어난 야생마를 뽑으라고 지시하기도 하였다.

> 나에게는 불가능한 일이 없다.
> 반드시 실현된다고 자신을 북돋우고 목표를 향해
> 열심히 노력하면 어떤 일도 가능하며 반드시 그 길이 열리도록 되어있다.
>
> 칸트

창의적인 사고력을
키워야 한다

■

젊음은 인생의 한 시기가 아니고, 마음의 상태이다.
장밋빛 볼과 붉은 입술, 유연한 무릎이 아니라
의지와 풍부한 상상력과 활기찬 감정에 달려 있다.
젊음이란 기질이 소심하기보다는 용기에 넘치고,
수월함을 좋아하기보다는 모험을 좇는 것이고
이는 스무 살 청년에게도, 예순 노인에게도 있다.
단지 나이를 먹는다고 늙는 것은 아니다.
이상(理想)을 버릴 때 우리는 늙는다.
그대와 나의 가슴 한가운데에는 무선국이 있다.
그것이 사람들로부터 또는 하늘로부터 아름다움과 희망과 활기,
용기와 힘의 메시지를 수신하는 한, 그대는 영원히 젊으리라.

미국 시인 새뮤얼 울먼의 시 〈청춘〉(맥아더 장군이 애송하던 시)

■

1 상상력이 세계를 지배한다

> 교육의 목적은 무엇을 알고 있는가가 아니라
> 어떻게 생각하는가를 가르치는 것이다.
> 그래야 남의 생각이 아닌 자신의 생각을 키워 나갈 수 있다.
>
> 미국 교육자 존 듀이

나폴레옹은 상상력이 세계를 지배할 수 있다고 하였다. 아인슈타인은 상상력이 지식보다 위대하다고 하였다.

독일의 철학자 칸트는 인간의 지적 능력 가운데 가장 중요한 것이 상상력이라고 하였다.

빌 게이츠는 "마이크로소프트 사의 유일한 재산은 직원들의 상상력밖에 없다"고 말하였다. 미래학자 피터 드러커는 지식이 가치를 창조하는 시대에서 가장 중요한 것은 창의적인 상상력이라고 강조하였다. 상상력이 얼마나 중요한가를 알 수 있을 것이다.

상상력은 저절로 생겨나는 것이다. 열정을 가지고 몰입한 결과로 생겨나게 된다.

열심히 공부해서 지식을 쌓고 독서를 많이 하고 풍부한 경험을 쌓은 결과 상상력이 생기는 것이다.

상상한다고 해서 다 좋은 것은 아니다. 막연하고 황당한 상상은 그야말로 허황된 망상이 되기 쉽지만, 목적 의식이 있는 상상은 꿈을 이루는 데 크게 도움이 된다.

끊임없는 상상력은 창조력과 아이디어를 가져오고, 호기심을 불러일으켜 위대한 발명·발견이 이루어지게 하고, 위대한 예술·문학작품을 낳게 한다.

《해리 포터》를 쓴 영국의 작가 조앤 롤링은 이혼녀이고 생활비가 없어 정부의 보조금으로 생활하였다. 그리고 집에는 글을 쓸 수 있는 책상조차 없어서 동네 카페의 책상에서 글을 썼다. 이와 같은 역경 속에서 쓴 것이 바로 《해리 포터》이다.

이 소설은 2007년까지 200여 나라에 소개되고 약 4억 부가 팔렸다. 우리나라에서도 1,300만 부 이상이나 팔렸다. 2007년까지 책 판매로 3조 원을 벌어들였다. 조앤 롤링의 재산은 1조 원이 넘는다고 한다. 이것은 상상력·창의력이 열정적인 노력과 결합되어 이루어진 것이다.

지금은 지식 산업이 지배하는 시대이다. 상상력과 글의 힘이 얼마나 강한지를 짐작할 수 있다.

빌 게이츠는 "나는 10대부터 세계의 모든 가정에 컴퓨터가 한 대씩 설치되는 상상을 했고, 반드시 그렇게 만들겠다고 다

집했다. 그게 시작이다"라고 말했다. 이와 같은 상상력이 빌 게이츠를 컴퓨터의 황제로 만들었다.

세계적인 미래학자 앨빈 토플러는 우리나라에 초청되어 서울 보성 고등학교에서 행한 강연에서 "지식이 가치를 창조하는 시대에 가장 중요한 것은 창조력이다. 그리고 지금보다 훨씬 빠른 속도로 급격히 변화할 미래를 살아가야 하는 청소년들에게 가장 중요한 것은 지식 습득 그 자체보다는 끊임없이 배우는 습관을 기르고 새로운 아이디어를 창조하는 힘이다"라고 말하였다.

유대인 가정의 전통 가운데 하나는 어머니들이 아이가 어렸을 때 아이를 무릎에 앉혀 놓고 또는 잠들려고 할 때 이야기를 들려주거나, 책을 읽어주어 상상력을 길러준다.

스타벅스 커피의 성장에 대해 소개한다(맥스웰 몰츠가 쓴 《성공의 법칙》의 내용을 옮긴다).

스타벅스를 창업한 하워드 슐츠는 그의 자서전 《스타벅스 커피 한 잔에 담긴 성공신화》에서 한 이탈리아 도시의 거리를 거니는 장면을 떠올리면서 온갖 상상력을 동원하여 열정과 낭만적인 분위기와 행복한 사람들로 가득 찬 가로변의 작은 카페를 머릿속에 그렸다고 한다. 그리하여 슐츠는 일상적인 상품인 커피를 새롭게 재창조하는 기회를 포착했던 것이다. 그는 저서에서 '우리가 만일 상상력을 사로잡을 수 있다면 다른 사람도 사로잡을 수 있을 것이다'라고 말하였다.

컴퓨터의 황제 빌 게이츠는 1년에 두 번씩 생각하는 시간을 가지려고 조용한 곳으로 휴가를 떠나 누구도 만나지 않는다. 그는 휴가지에서 생각에 집중하면서 새로운 아이디어를 얻고, 사업에 대한 구상도 한다.

세계 최대의 컴퓨터 회사 IBM의 사훈에서 가장 중요시하는 것은 생각하라(Think)이다. 그 아래의 지침으로는 읽어라(Read), 들어라(Hear), 토의하라(Discuss), 관찰하라(Observe)가 있다.

스위스의 아동 발달 심리학자 피아제는 '교육의 목표는 다른 세대가 이루어 놓은 것을 반복하는 것이 아니라 새로운 일을 할 수 있는 창조적인 사람을 만들어내는 것이다. 앞으로 아이들이 살아갈 미래에는 기억력이나 암기력 이상으로 상상력과 창의력이 중요하다'고 주장하였다. 디지털 시대에 창의적인 사고력을 지닌 사람이 두각을 나타낼 수 있다. 근래에 기업에서는 학교 성적이나 영어 실력보다 창의력이 뛰어난 사람을 뽑으려 한다. 어려서부터 상상력과 창의력을 키워주어야 한다.

전통, 관습, 권위, 선입견, 고정관념, 기존의 가치관에 얽매어서는 창의력이 생겨날 수가 없다.

발상의 전환과 기발한 생각이 창의력을 낳는다. 폐쇄적인 사고방식에서 벗어나 폭넓게 사고하는 것이 필요하다.

근래에 대학과 고교(특목고, 자사고)전형에서는 입학사정관에 의해 학생을 선발하는 제도가 확대되고 있다. 선발 과정에서 입학 사정관들이 많이 참고하는 것이 창의력, 종합적인 사고력, 잠재능력이다.

시대가 하루가 다르게 빠르게 변하고 있기 때문에 사고방식에 변화를 주는 것이 필요하다. 변화에 능동적으로 대처해 나가려면 꾸준히 공부해야 할 것이다.

지식 정보화 시대, 글로벌 시대에 편협한 사고방식에서 벗어나 개방적이고 폭넓은 사고방식을 지니고 있어야 한다.

다윈의 《진화론》에 따르면, 살아남게 되는 종(種)은 강인한 종도 아니고, 지적 능력이 뛰어난 종도 아니다. 종국에 살아남는 종은 변화에 가장 잘 대응하는 종이라고 하였다.

오늘의 생각이 내일에는 낡은 것이 될 수 있다. 고인 물은 썩게 된다.

> 모두들 세상을 변화시킬 생각은 해도
> 아무도 자기 자신을 변화시키려 하지 않는다.
> 러시아 소설가 톨스토이

2. 긍정적으로 생각하는 습관을 길러야 한다

> 우리는 행복해지려고 마음먹은만큼 행복해질 수 있다.
> 셰익스피어

노벨 화학상을 수상한 독일의 프리드리히 오스트발트 박사는 과거의 위인이나 성공한 사람들을 조사한 결과, 그들은 긍정적으로 생각하는 낙천주의자와 책을 많이 읽는 사람이라는 것을 밝혀냈다.

생각이 사람을 지배한다고 한다. 생각한 대로 된다는 것이다. 생각이 현실이 되는 것이다.

부정적인 생각은 부정적인 결과를, 비관적인 생각은 비관적인 결과를 가져온다. 할 수 있다고 생각하면 할 수 있고 할 수 없다고 생각하면 할 수 없다. 행복할 것이라 생각하면 행복해진다. 불행해질지도 모른다고 생각하면 불행해진다.

성공할 수 있다고 생각하면 성공하고, 실패할지도 모른다고 걱정하면 실패하는 것이다.

모든 것이 마음먹기에 달려있는 것이다. 마음먹기에 따라 지옥이 천당으로, 천당이 지옥으로 바뀔 수가 있는 것이다.

목표를 달성할 수 있다는 확신을 가지면 목표 달성에 성공할 확률이 높아진다.

병이 치료될 수 있다는 확신을 가지면 치료될 것이다.

미국의 긍정 심리학자 마틴 셀리그먼 박사가 메트로폴리탄 라이프 생명보험회사에 입사한 지 1년 된 직원들을 상대로 조사한 결과 낙관적인 직원은 비관적인 사원보다 57.3퍼센트가 더 많은 실적을 올렸다. 2년 뒤에는 63.8퍼센트가 더 많은 실적을 올렸다.

낙관적인 생각을 가지고 있느냐, 비관적인 생각을 가지고 있는가에 따라 인생이 크게 달라질 수가 있는 것이다. 긍정적으로 살아가는 훈련을 하고 몸에 배게 해야 할 것이다.

1932년 미국에서 180명의 수녀들에게 자신을 소개하는 간증문을 쓰게 하였다. 70년이 지난 뒤 심리학자들이 간증문에 쓰여 있는 낱말을 분석하였다. 그 결과 어떤 수녀들은 '행복한'과 같은 긍정적인 단어를 많이 썼고, 어떤 수녀들은 '괴로운'과 같은 부정적인 단어를 많이 썼다. 긍정적인 단어를 많이 쓴 상위 25퍼센트의 수녀들 가운데 90퍼센트가 넘는 수녀들이 85세까지 살았고, 부정적인 단어를 많이 쓴 수녀들 가운데 34퍼센트만 생존해 있었다고 한다.

말이 생각을 지배하고, 생각이 사람을 지배하는 것이다.

가짜 약을 진짜 약이라고 속여서 환자에게 복용하게 하면 효과가 있다고 한다. 이런 현상을 플라시보 효과(Placebo Effect)라고 한다.

긍정적으로 생각하고 잘될 것이라고 생각하는 사람은 암도 이겨낼 수 있다.

긍정적으로 생각하는 것이 어떤 좋은 점이 있을까? 여러 전문가들의 의견을 종합해 본다.

① 마음을 편안하게 해주고, 뇌 속에 엔도르핀을 분비시켜 고통을 줄여주고 기분을 좋게 한다.
② 미래에 대해 낙관적인 생각을 하게 한다.
③ 집중력이 생기게 한다.
④ 즐거운 마음으로 열심히 공부하고 일하게 한다.
⑤ 명랑한 사람은 우울한 사람보다 능력을 더 발휘할 수 있다.
⑥ 능동적으로, 적극적으로 행동하게 한다.
⑦ 긍정적인 생각에서 창의력이 나오게 된다.

미국의 미시간 대학에서 조사한 결과, 걱정거리의 80퍼센트는 실제로 일어나지 않았고, 20퍼센트만이 그러한 걱정거리가 생겼다고 한다.

우리가 생각하기에 따라 큰 차이가 생기는 것이다. 생각이 감정과 행동을 변화시키고 인생을 바꾸어 놓는다.

'아! 물이 반이나 남았네', '어! 물이 반밖에 남지 않았네'에서 느끼는 것에 큰 차이가 있다. 앞의 말은 낙관적인 생각에서 나온 말이고, 뒤의 말은 회의적인 또는 비관적인 생각에서 나온 말이기 때문이다. 생각하는 대로, 믿는 대로, 간절히 바라는 대로 이루어진다. 생각하는 힘이 크기 때문에 마음과 몸을 지배할 수 있다.

여기에 피그말리온의 효과에 대해 소개한다.

그리스 신화에 피그말리온이라는 조각가에 대한 이야기가 있다. 그는 못생겼고, 자기를 사랑해 줄 수 있는 여자가 없음을 한탄하면서 상아로 아름다운 여인 조각상을 만들게 되었다.

그는 여인 조각상을 미친 듯이 사랑하게 되었다. 피그말리온은 더 이상 참을 수 없어 사랑의 여신 아프로디테에게 조각상 여인과 같은 여자와 결혼하게 해달라고 간절히 기원했다. 어느 날 집에 돌아온 피그말리온은 여인 조각상에 입을 맞추었는데,

여인 조각상에 온기가 있었다. 조각상이 아름다운 여인으로 변한 것이다.

피그말리온 효과는 그리스 신화에서 유래한 것으로, 간절히 바라면 기대한 대로 이루어진다는 교훈을 준다.

교육학에서는 교사가 우수한 학생이라는 기대를 가지고 가르치면, 그런 기대를 하지 않은 학생보다 성적이 더 높게 나올 확률이 높다는 이론으로 적용되고 있다.

하버드 대학의 로버트 로젠탈 박사는, 학생들과 쥐를 세 그룹으로 나누어 실험을 했다.

첫 번째 그룹의 학생들에게 "자네들은 행운아다. 천재적인 쥐를 다루게 되었기 때문이다. 이 쥐들은 복잡한 미로에서도 옥수수를 찾아낼 것이고, 치즈도 많이 먹을 것이다"라고 말하였다.

두 번째 그룹의 학생들에게는 "자네들은 그리 총명하지도 둔하지 않은 보통 쥐를 다루도록 해라. 이 쥐들은 간신히 옥수수를 찾아내고, 치즈도 조금 먹게 될 것이다"라고 말하였다.

세 번째 그룹의 학생들에게는 "이 쥐들은 바보다. 지능이 너무 낮아 옥수수를 찾아내지 못할 것이다. 만약에 찾아낸다면 그것은 우연일 것이다"라고 말하였다.

그 6주 뒤에 어떤 결과가 나타났을까?

천재 쥐들은 짧은 시간에 옥수수를 찾아냈다. 평범한 쥐들은 옥수수를 찾아내는 데 시간이 오래 걸렸다. 바보 쥐들은 옥수수를 찾아내는 데 너무 어려움이 많았다. 왜 이런 차이가 나게 되었을까? 그것은 쥐 실험에 참가한 학생들의 태도 때문이다. 이 쥐들은 자신을 대하는 학생들의 태도를 느낀 것이다. 첫 번째 그룹의 학생들은 쥐들이 천재니까 잘 해낼 것이라는 기대를 가지고 있었기 때문에 쥐들을 잘 다루었던 것이다.

로젠탈 교수는 어떤 사람이 성공할 것이라고 기대하면 대개 성공하고, 실패할 것이라 예상하면 십중팔구 실패한다고 했다. 사람들은 다른 사람의 기대에 따라 살아가는 경향이 있다.

1968년 로젠탈 교수는 샌프란시스코의 한 초등학교 학생들 650명을 대상으로 지능검사를 했다. 그들 가운데 26퍼센트를 무작위로 뽑았다. 그리고 그 명단을 교사에게 주면서 학업 성취의 가능성이 높은 학생들이라고 말해 주었다. 8개월 뒤 다시 지능검사를 했는데 명단에 들어있던 학생들이 명단에 들어있지 않은 학생들보다 성적이 크게 향상되었다고 한다.

교사들은 명단에 들어있는 학생들의 가능성을 믿고 기대를 걸면서 열심히 가르쳤고, 학생들은 선생이 자기에게 관심을 보이니까 열심히 공부하게 된 것이다.

서울대 의대 서유헌 교수는 '무의식 속에 부정적인 이미지나 자기 암시가 있으면 행동이 억제되어 잠재력이 발휘되지 못한다. 이제부터 부정적인 이미지, 부정적인 사고, 부정적인 자기 암시를 과감하게 버리고 긍정적으로 생각해야 한다'고 주장한다.

자녀들이 자라는 과정에서 열등의식에 사로잡히지 않게 해야 한다. 열등의식은 소외감과 패배의식을 불러일으키고 의욕과 자신감을 잃게 할 뿐 아니라 우울증을 유발한다. 칭찬하고 격려하여 자부심을 키워 주어야 한다.

> 만일 당신이 진다고 생각하면 당신은 질 것이다.
> 만일 당신이 안 된다고 생각하면 당신은 안 될 것이다.
> 만일 당신이 이기고 싶다는 마음 한구석에 이건 무리라고 생각하면,
> 당신은 절대로 이기지 못할 것이다.
> 만일 당신이 실패한다고 생각하면 당신은 실패할 것이다.
> 돌이켜 세상을 보면 마지막까지 성공을 소원한 사람만이
> 성공하지 않았던가.
> 모든 것은 사람의 마음이 결정하나니
> 만일 당신이 이긴다고 생각하면 당신은 승리할 것이다.
> 만일 당신이 무엇인가를 진정으로 원한다면 그대로 될 것이다.
> 자아, 다시 한 번 출발해 보라.
> 강한 자만이 승리한다고 정해져 있지는 않다.
> 재빠른 자만이 이긴다고 정해져 있지도 않다.
> '나는 할 수 있다'고 생각하는 자가 결국 승리하는 것이다.
>
> 나폴레온 힐의 《놓치고 싶지 않은 나의 꿈 나의 인생》에서

습관이
인생을 좌우한다

짧은 인생은 시간의 낭비 때문에 더욱 짧아진다.
새뮤얼 존슨

인생에서 돌이킬 수 없는 네 가지가 있다고 한다.
쏘아버린 화살, 내뱉은 말, 지나간 시간,
그리고 게으름의 결과.

1 어렸을 때 좋은 습관을 길러야 한다

> 나쁜 습관은 도덕적으로 갚지 못하는 빚이라고 할 수 있다.
> 이 빚은 계속 이자가 붙어 사람을 괴롭힌다.
> 사람의 노력을 물거품으로 만들기도 하고,
> 심하면 사람을 도덕적으로 파산시키기도 한다.
> — 러시아 교육자 우신스키

세 살 때 버릇 여든까지 간다(Old habits die hard 또는 What's learned in the cradle is carried to the grave).

사람이 습관을 만들고, 습관이 사람을 지배한다. 어렸을 때 길들여진 습관은 늙을 때까지 계속된다. 어떻게 해서든지 어렸을 때 좋은 습관을 길러야 한다. 사람의 행동 가운데 95퍼센트가 습관의 영향을 받는다고 한다. 습관은 인생을 좌우할 정도로 중요한 것이다.

연구 결과에 따르면 습관의 95퍼센트는 무의식적으로 이루어진다고 한다. 그렇기 때문에 의식적으로 나쁜 습관을 고치는 것이 힘들다. 그래서 '제 버릇 개 주랴'라는 말이 생겨난 것이다.

습관은 제2의 천성이다(Habit is a second nature). 제2의 천성

은 본래 가지고 태어난 제1의 천성보다 10배에 이르는 힘을 가지고 있다. 제2의 천성인 습관을 다스리는 것이 중요하다.

잭 D. 핫지는 그의 저서 《습관의 힘》에서 '각 분야에서 성공을 거둔 최고의 사람들은 한 가지 공통점을 가지고 있다. 바로 좋은 습관이다. 성공한 사람들은 보통 사람들보다 더 많이 노력하고 준비하는 습관을 가지고 있다. 인내하고 노력하며 더 효과적이고 체계적으로 공부하고 일하는 습관을 가지고 있다'고 하였다.

담배 피우는 것, 술 마시는 것, 술주정하는 것도 습관이다. 거짓말도 하다 보면 습관이 되고, 게으름 피우는 것도 습관이 될 수 있다.

나쁜 습관은 중독으로 바뀌게 된다. 술 중독, 담배 중독, 인터넷 중독, 게임 중독, 도박 중독과 같은 것이다. 지나친 중독으로 신세를 망치는 사람들도 많다. 애당초 이런 중독에 빠지지 않아야 한다. 중독에 빠지기는 쉬워도 중독에서 빠져나오는 것은 매우 어렵다.

부모의 나쁜 습관이 자식들에게 큰 영향을 준다. 습관의 대물림이 이루어지게 되는 것이다. 바람직스럽지 못한 것이다.

몸에 밴 나쁜 습관은 한 번에 바꾸는 것은 어렵다. 처음에는 사소한 것부터 하나씩 바꾸어 나가도록 노력해야 한다.

습관은 인간의 운명을 좌우할 정도로 중요하기 때문에 부모들은 최선을 다하여 좋은 습관을 길러 주도록 노력해야 한다. 일찍 일어나는 습관, 규칙적인 생활을 하는 습관, 복습하는 습관, 독서하는 습관, 절약하는 습관 등 좋은 습관을 길러 주어야 한다.

마이크로소프트 사의 빌 게이츠 회장은 하버드 대학 졸업장보다 독서하는 습관이 더 중요하다고 하였다.

자녀가 공부 잘하기를 원한다면, 일찍부터 독서하는 습관, 공부하는 습관을 길러 주어야 한다.

> 원래 습관의 족쇄란 너무도 가벼워 느낌조차 없다가도,
> 시간이 흐를수록 점점 무거워져 결국에는 다리를 절단내고 만다.
> 내 나이쯤 되면 습관을 바꾼다는 것 자체가 거의 불가능해진다.
> 이미 습관의 노예가 되어버린 것이다.
> 오늘 당장 좋은 습관을 택해 실천하겠다고 다짐하면
> 여러분은 머지않아 그 습관을 자신의 것으로 만들 수 있다.
>
> 미국의 투자 귀재 워런 버핏

2 / 스스로 해나가는 습관을 길러야 한다

> 습관은 스스로 만든 것이다.
> 따라서 버리는 것도 스스로 할 수 있다.
> 조지 웨인버거

유대인 학교에서는 초등학교 저학년부터 모든 문제를 스스로 해결하도록 지도한다. 그렇게 함으로써 자립심을 키워주는 것이다.

어려서부터 자녀들에게 자기가 해야 할 일은 스스로 혼자 해결할 수 있는 능동적인 사람이 되도록 훈련시켜야 한다. 스스로 계획을 세워 공부하고, 여러 문제를 스스로 해결할 수 있는 능력을 키워주어야 한다.

교육평가원의 조사에 따르면 학교 숙제를 혼자 하는 학생이 학교 점수가 높다는 조사가 있다.

스스로 책상·책꽂이를 정리하고, 스스로 학교 준비물을 챙기고, 학교 숙제도 할 수 있도록 해야 한다. 내일 필요한 학교 준비물은 오늘밤 자기 전에 미리 챙겨 두는 것이 좋다. 그렇지 않으면 아침에 시간에 쫓겨 허둥대다 빠뜨리게 될 수 있다.

정리·정돈 잘하는 습관 또한 매우 중요하다. 물건을 제자리에 놓도록 해야 한다. 제자리에 놓지 않아서 나중에 그 물건을 찾느라고 야단법석을 떨면서 정신없이 찾아 헤매게 된다.

그리고 스스로 판단하고, 스스로 해결하는 능력을 키워주어야 한다. 그래야만 자립 정신을 키워줄 수 있다. 의존적인 아이들에게는 하고자 하는 의욕이 없다. 자기 운명, 자기 인생은 누가 만들어 주는 것이 아니라, 자기 자신이 만드는 것이다. 인생에 대한 책임은 전적으로 자기 자신에게 있는 것이다. 자기가 만들지 않은 인생이란 없다.

> 생각을 바꾸면, 행동이 달라지고,
> 행동을 바꾸면, 습관이 달라지며,
> 습관을 바꾸면, 성격이 달라지고,
> 성격을 바꾸면, 운명이 달라진다.
>
> 영국의 사상가 새뮤얼 스마일스

3 미루는 습관을 버려야 한다

> 우물쭈물하다 내 이럴 줄 알았지.
> 영국의 극작가 버나드 쇼의 묘비명

오늘 할 수 있는 일을 내일로 미루지 말라(Never put off till tomorrow what you can do today).

피할 수 없는 일이라면 미루지 말고 빨리 해치우는 것이 좋다. 귀찮은데 내일 해야지 하는 습관을 버려야 한다. 어려운 일이나 하기 싫은 일부터 먼저 해치우고 나면 기분이 좋아진다.

어차피 해야 할 일이라면 즐거운 마음으로 빨리 해치우거나 실천하는 것이 좋다. 미루다 보면 시간만 흘러가고 걱정되어 스트레스만 쌓이고, 막상 하려면 시간에 쫓겨 허둥대다가 일을 그르치게 되는 경우가 많이 생겨나게 되어 크게 손해 볼 수가 있다.

학교 준비물 챙기는 것이나 숙제 등 반드시 해야 할 일은 가능한 즉시 해치워야 한다. 해야 할 일을 미루다 보면 깜빡 잊어버릴 수가 있고, 또 잊어버리지 않으려고 시간과 에너지를 소모하게 된다.

미국의 소설가 마크 트웨인은 "남보다 앞서가는 비결은 출발에 있다. 지금 당장 하라"고 말했다.

시작이 반이다(Well begun, half done).

시작이 중요하다. 즉시 시작하자. 그러면 시작해야 한다는 것에 대한 압박감으로 생기는 스트레스를 날려 버릴 수 있다.

방학 숙제하는 것, 일기 쓰는 것은 미루지 말고 그때그때 해 나가는 습관을 길러야 한다. 미루고 미루다가 개학이 다가왔을 때 한꺼번에 몰아서 숙제를 하거나, 일기 쓰는 것은 좋지 않다.

실행해서 실패했던 것보다 실행하지 않았기 때문에 더 많이 후회하게 된다.

늦었다고 생각하는 순간이 가장 빠르다(Never too late to start something).

유대인의 교육에서 중요시하는 것 가운데 하나가 배운 것을 실천하는 것이다.

아무리 많은 지식을 지니고 있어도 활용하지 못한다면, 또 아무리 훌륭한 목표나 계획을 가지고 있어도 실천하지 않으면 아무 쓸모가 없는 것이다.

유치원이나 초등학교 시절에 배운 것을 잘 실천한다면 누구나 성공할 수 있다. 실천력이 없으면 아무 것도 얻을 수 없다. 실천력이 중요한 것이다. 구슬이 서 말이라도 꿰어야 보배가 되는 것이다.

아무리 작은 출발일지라도,
그것이 미치는 영향은 얼마나 큰지 모른다.
그리고 일단 내디디면, 그 뒤 얼마나 편한지 모른다.

그리스 철학자 아리스토텔레스

4. 메모하는 습관을 길러야 한다

> 시간을 관리하지 못하는 사람은 아무 것도 관리하지 못한다.
> 피터 드러커

사람의 기억에는 한계가 있다. 지식 정보가 폭발적으로 증가하고 사회생활이 복잡해짐에 따라 약속한 것을 깜빡 잊어버리는 경우가 많다. 그럴 경우 중대한 일에 큰 지장을 주게 된다. 이와 같은 실수가 없도록 하려면 메모해야 한다.

머릿속에 떠오르는 아이디어를 메모해두면 그 아이디어를 잊어버리지 않아야 한다는 부담감이 없어진다. 어려서부터 메모하는 습관을 길러 주어야 한다. 먼저 부모가 메모하는 습관을 가지고 있어야 한다. 부모의 습관은 자녀에게 영향을 주게 된다.

성공한 사람들의 특징 가운데 하나는 메모하는 데 철저했다는 것이다. 미국의 대통령 링컨은 모자 속에 언제나 종이와 연필을 넣고 다니면서 좋은 생각이 떠오르거나, 남한테 유익한 말을 들으면 즉시 기록하는 습관을 가지고 있었다. 그래서 그의 모자를 이동하는 사무실이라 불렀다. 아인슈타인은 머리맡에 펜과 노트를 두고 자는 습관이 있어 떠오르는 생각을 곧바로 메모하였고, 발명왕 에디슨과 삼성 그룹 창업자 이병철은 메모광이었다고 한다. 에디슨은 평생 보고 들은 것을 메모한 노트 3,400권을 남겼다.

컴퓨터 바이러스 연구 업체인 안철수 연구소 창업자 안철수는 책을 읽을 때 중요한 내용, 일할 때 떠오른 생각이나 아이디어를 메모하여, 그의 가방에는 메모한 것으로 가득 차 있다고 한다.

메모할 수 있는 필기도구를 언제나 몸에 지니고 다니거나 가까이에 놓아두는 것이 좋다. 심지어는 잠잘 때 메모할 수 있는 도구를 머리맡에 놓아두는 사람도 많다. 글로 적으면 보다 확실하게 기억된다.

책을 읽다가 중요하다고 생각되는 내용을 메모하는 것도 좋은 습관이다. 그리고 신문을 읽다가 중요한 것을 스크랩하거나 메모하는 것도 바람직하다.

기억은 짧고, 기록은 길다. 기억은 죽게 되고 기록은 살아남게 된다.

5 시간 약속을 잘 지키는 습관을 길러야 한다

> 할 수 있는 일은 때를 놓치지 말라.
> 인생의 불행은 자기가 할 수 있는 일을
> 하지 않는 데 그 원인이 있다.
> 프랑스 소설가 로망 롤랑

시간과 노력을 투자하지 않고 이룰 수 있는 것은 아무것도 없다. 성공한 사람들의 공통적인 특징 가운데 하나는 시간 관리를 잘한다는 점이다. 시간 관리를 잘하는 사람이 자기 관리도 잘하게 된다. '행복한 사람에게는 시간을 알리는 소리가 들리지 않는다'는 독일의 속담이 있다. 공부나 어떤 일에 몰입하면 그야말로 시간 가는 줄 모르게 된다.

시간과 관련하여 무엇보다 중요한 것은 시간 약속을 정확하게 지키는 것이다. 시간 약속을 잘 지키지 않으면 신뢰받을 수 없고, 인품을 의심 받게 되어 사회생활을 해나가는 데 크게 지장을 받게 된다.

어려서부터 시간 약속을 잘 지키는 습관을 길러 주어야 한다. 지각하는 것도 버릇이다. 직장이나 학교에서 지각하는 사람은 정해져 있다. 지각대장이라는 말을 듣는 것은 치욕적인 것이다. 조금만 서두르면 지각하지 않을 것을, 우물쭈물하다가 늦게되는 것이다. 미리미리 서두르는 것이 좋다. 약속한 시간보다 약속 장소에 일찍 나갔다고 해서 자존심이 상하거나 손해 보는 것이 아니다. 오히려 상대로부터 신뢰를 얻을 수 있다.

시간이 부족하다고 가장 많이 불평하는 사람이
시간을 엉망으로 사용하는 것이다.

프랑스 모럴리스트 라 브뤼에르

8

인성 교육에 힘써야 한다

내가 만약 누군가의 마음의 상처를
막을 수 있다면 헛되이 사는 것이 아니리.
내가 만약 한 생명의 고통을 덜고
기진맥진해서 떨어진 물새 한 마리를
다시 둥지에 올려 놓을 수만 있다면
내 헛되이 사는 것이 아니리.

미국 여류시인 에밀리 디킨슨의 시 〈헛되지 않게(Not in vain)〉

1. 좋은 성격을 기르도록 해야 한다

> 좋은 성격을 기르도록 해야 한다.
> 자기 훈련의 첫걸음은 자기 관리이다. 먼저 소극적인 성격을 고쳐야 한다.
> 남을 지배하기 전에 자신을 지배할 수 있는 사람이 되어야 한다.
> 자기를 지배하는 일이 쉽지는 않다.
> 자기를 지배할 수 있으면 모든 것을 지배할 수 있다.
> 나폴레온 힐의 《놓치고 싶지 않은 나의 꿈, 나의 인생》에서

 그리스의 철학자 헤라클레이토스는 성격이 자신의 운명을 결정한다고 하였다. 좋은 성격 때문에 주위로부터 환영을 받는 사람은 사회생활을 해나가는 데 크게 도움이 될 수가 있다.
 반면에 나쁜 성격 때문에 크게 손해를 보거나, 신세를 망치는 사람도 많다. 참을성 없는 급한 성격 때문에 돌이킬 수 없는 큰 사고를 저질러 신세를 망치게 되는 경우도 있다. 감정의 지배를 받지 않고, 감정을 지배하는 것이 중요하다. 자기 감정을 다스릴 수 있는 자제력을 키워야 한다.
 미국 하버드 대학의 심리학 교수 다니엘 골먼의 연구에 따르면, 성공한 사람은 지능지수(IQ) 의존도가 20퍼센트, 감성(정서)지수(EQ) 의존도가 80퍼센트였다고 한다.

IQ는 지적인 능력을 측정하는 것으로, 기억력·이해력·어휘력·수리력에 도움이 되는 지능이고, EQ는 감정을 다스리는 능력으로, 용기·인내심·자제력 등을 다스리는 능력이다.

일반적으로 감성지수가 높을수록 인생에 대해 긍정적이며, 대인관계가 원만하고 창조적 문제 해결 능력을 갖춘 것으로 조사되었다. 골먼 교수는 미국의 유명한 188개 회사의 리더십 모델을 분석한 결과 일을 수행할 때 지능지수보다 감성지수가 2배 이상 중요하다는 사실을 알아냈다.

서울대 의대 서유헌 교수는 그의 저서 《나는 두뇌 짱이 되고 싶다》에서 'IQ가 발달되어 있으나 EQ가 발달하지 않은 사람은 감정이 메마른 지식인이 되고, 반대로 EQ만 발달한 사람은 머리가 빈 사람이라 할 수 있다. 따라서 IQ와 EQ가 모두 발달한 마음이 따뜻한 지식인이 되는 것이 필요하다'고 하였다.

사회생활을 하는 데 IQ보다 EQ가 더 중요하다고 할 수 있다.

EQ가 높은 사람은 어떤 특징이 있을까? 전문가들의 의견을 종합 정리한다.

① 친화력을 지니고 있어 대인관계가 좋다.
② 온화하고, 친밀감을 준다.
③ 자기 감정을 잘 다스린다.

④ 겸손하고 남을 배려할 줄 안다.
⑤ 따뜻한 가슴을 지니고 있고, 인간적인 매력이 있다.
⑥ 긍정적으로 생각한다.

스탠포드 대학 경영대학원의 토머스 하렐 교수는 졸업생들의 성격에 대해 연구했는데, 그 가운데 중요한 연구 결과는 성공한 졸업생들이 사교적이고 의사소통에 능해서 외향적 성격을 지니고 있었다는 것이다.

능력 있는 리더는 조직원 위에 군림하는 것이 아니라, 인간적인 매력과 영향력으로 추종자를 만드는 것이다. 왜란 때 이순신 장군이 왜군과 스물세 번 싸워 모두 승리하였는데, 그의 리더십은 신뢰를 바탕으로 한 인간관계에서 나온 것이다. 신뢰는 리더십의 핵심이다. 리더십 전문가 워런 베니스는 "신뢰는 사람들의 머리가 아닌 가슴과 마음을 열게 해주어 사람들을 움직이게 한다"고 말하였다. 신뢰가 없는 사람과 함께 일하는 것은 누구나 꺼리게 된다.

종전에는 지능지수를 높여주는 방향으로 교육이 이루어졌지만, 최근의 교육에서는 감성지수를 키워주기 위한 교육이 어느 때보다 중요시되고 있다. 최근에는 큰 기업체의 CEO들이 감성에 따른 경영 방법을 도입하고 있다.

　미국의 강철왕 카네기는 "밝은 성격은 어떤 재산보다 더 귀하다"라고 말하였다.

　냉철한 두뇌보다 따뜻한 가슴을 더 중요하게 생각하는 시대이다. 감동을 줄 수 있는 사람, 열린 마음을 지니고 있는 사람, 포용력이 있는 사람, 인간미가 넘치는 사람들이 사회에서 환영받고 성공하게 된다.

　사람에게 첫인상이 중요하다. 첫인상은 오랫동안 강력한 영향을 미친다. 이를 심리학에서 초두효과(Primacy Effect)라 한다. 따라서 첫인상을 좋게 하려고 노력해야 한다.

　쾌활하고 밝은 성격을 지니는 것이 중요하다. 밝은 성격은 부드러운 표정에 반영되어 언제나 미소를 띠게 되어 상대에게 좋은 인상을 준다. 무뚝뚝하거나, 우울한 표정을 지으면 상대에게 부담감과 불쾌감을 주게 된다.

　모난 돌이 정 맞는다는 속담이 있다. 모난 성격을 가진 사람은 환영받지 못하고 왕따 당하기 쉽다.

　교만한 자는 오래가지 못한다(Pride goes before a fall). 너무 잘난 체하거나 오만해서는 안 된다. 오만해서 손해 보지만 겸손해서는 손해 보지 않는다. 겸손한 태도는 성공하는 데 크게 도움이 된다.

사마천의 《사기》에 '복숭아나무와 자두나무는 아무 말도 하지 않지만 아름다운 꽃과 열매가 있어 사람들이 모여들게 되어 그 나무 밑에 저절로 길이 생긴다. 덕 있는 자는 잠자코 있어도 그 덕을 흠모하여 사람들이 모여든다'고 쓰여 있다.

사람들은 겸손한 사람들을 좋아하지, 잘난 체하는 사람을 좋아하지 않는다. 이기적이거나, 배타적인 사람은 사회에서 환영 받지 못한다. 남을 배려할 줄 아는 부드럽고 따뜻한 마음을 지녀야 한다. 어느 때, 어느 장소에서도 환영 받을 수 있는 모나지 않은 원만한 성격의 소유자가 성공할 수 있다.

근래에는 도덕지수(MQ)도 중요시하는 경향이 있다. 정직하고, 투명성 있게 행동해야 한다. 자기가 맡은 일을 책임감 있게 해나가야 한다. 스스로 결정한 일에 대해 책임질 줄 알아야지, 핑계를 대거나 누구의 탓으로 돌려서는 안 된다. 책임감이 없으면 신뢰를 얻을 수 없다.

> 물건을 잃으면 작게 잃는 것이고,
> 신용을 잃으면 크게 잃는 것이다.
> 용기를 잃으면 모든 것을 잃는 것이다.
> 미국 35대 대통령 존 F. 케네디

2 예의에 관한 교육을 잘 시켜야 한다

> 명성을 구축하는 데는 20년이 걸리고,
> 명성을 무너뜨리는 데에는 5분이면 충분하다.
> 워런 버핏

　예의는 사람이 마땅히 지켜야 할 기본적인 덕목이다. 인간이 동물과 다른 점 가운데 하나는 예절을 지킬 줄 안다는 것이다. 사람답게 살게 해주는 것이 예의이다. 예의는 사회적 관계를 부드럽고 편안하게 만들어 준다.

　무례하고 거친 태도는 사람의 마음을 닫게 하고 불쾌감을 주고, 예의바른 행동은 사람의 마음을 활짝 열게 하고 즐겁게 해준다. 예의 바른 태도를 갖춘 사람은 상대에게 좋은 인상을 주어 사회생활을 해나가는 데 크게 도움이 된다. 정답고 밝게 인사만 잘하여도 상대의 호감을 살 수 있다. 예의의 출발점은 인사를 잘하는 것이다.

　미국 컬럼비아 대학 MBA 과정에서 기업 CEO들을 대상으로 성공하는 데 가장 큰 영향을 준 것이 무엇인가라는 질문에 응답자의 93퍼센트가 매너를 꼽았다.

예의는 어디서나 잘 통하는 훌륭한 자기 추천서와 같은 것이다.

파스칼은 "너그럽고 상냥한 태도, 사랑을 지닌 마음은 외모를 아름답게 하는 말할 수 없는 가장 큰 힘이다"라고 말하였다.

예의를 잘 지키는 것은 비용이 들지 않고, 많은 것을 얻을 수 있다(Politeness costs nothing, and gains everything).

예의는 사람의 인격이나 교양을 알 수 있는 척도이다. 공손한 사람은 잘난 척하지 않고 겸손하다. 공손한 사람은 성실하고 진실하다. 공손한 사람은 상대의 의견을 존중하고 남을 배려할 줄 안다. 공손한 사람은 사교적이고 친절하다. 그래서 예의 바른 태도는 아름답다. 예의 바른 사람은 마음씨도 곱다.

부모는 반드시 자녀들에게 윗사람을 공경하도록 가르쳐야 한다. 윗사람에게 공손하게 말하고 밝게 인사하는 태도를 길러 주어야 한다. 예의 바른 언행을 하면 주위 사람들로부터 칭찬을 받아 자신도 흐뭇해지고, 상대를 기분 좋게 해준다.

어른들 사이에서, '요즘 아이들 버릇없어 큰일이야', 또는 '젊은이들 버릇없어 큰일이야'라는 말이 자주 나온다. 아이나 젊은이가 버릇이 없다든가 또는 예의가 없다는 것은 부모가 예의를 제대로 가르치지 못했다는 뜻이다. 버릇이 없다, 예의가 없다는 말을 듣는 것은 큰 욕이다. 자식만 욕을 먹는 것이 아니라 그 부모도 함께 욕을 먹는 것이다.

일상생활에서 식사 예의도 매우 중요하다. 식사할 때 좋지 못한 식사 태도는 식사 분위기를 흐려 놓고, 함께 식사하는 사람의 기분을 상하게 한다.

다시 강조하거니와, 예의에 관한 교육은 매우 중요하기 때문에 부모들은 어려서부터 철저히 가르쳐 몸에 배게 해야 한다.

누구든지 자기를 높이는 자는 낮아지고, 자기를 낮추는 자는 높아진다.
(Whoever exalts himself will be humble,
and whoever humbles himself will be exalted)

《성경》〈마태복음〉

3. 친절을 베풀 줄 알아야 한다

> 끊임없는 친절은 많은 것을 얻을 수 있다.
> 태양이 얼음을 녹이는 것처럼 친절은
> 오해와 불신과 적대감을 녹여 없앤다.
> 알베르트 슈바이처

친절은 예의의 근본이다(Kindness is an element of courtesy). 인간관계에서 친절은 매우 중요하다. 자본 없이도 큰 이익을 얻을 수 있는 것이 친절이다. 따라서 친절은 큰 재산이라 할 수 있다.

예의 바르고 친절한 태도는 사람에게 좋은 인상을 주기 때문에 사회생활에 큰 도움을 준다. 예의 바른 태도, 친절한 태도가 부족하여 사회생활을 영위하는 데 지장을 받거나 실패하는 경우도 많다.

예의 바른 태도, 친절한 태도는 사람을 편하게 해주고, 기쁘게 해주고, 자신도 뿌듯하고 기분 좋아진다. 친절과 사랑은 부메랑 같아서 베풀면 언젠가는 나에게 다시 돌아오게 된다.

유대인의 가정에서는 남에게 친절을 베푸는 것은 곧 하느님의 명령이라고 가르친다. 어린 시절부터 이런 교육을 받은 유대인들은 다른 사람에게 친절하게 대한다. 친절이 유대인으로 하여금 경제 활동에서 두각을 나타내게 한 요인이라 할 수 있다.

친절은 상대를 정복할 수 있는 가장 고귀한 무기이다(Kindness is the noblest weapon to conquer).

다른 사람에게 친절을 베풀면 체내에서 엔도르핀의 양이 증가한다고 한다. 엔도르핀이 많이 분비되면 기분이 좋아진다고 한다.

내키지 않는 형식적인 친절은 상대를 불쾌하게 만든다. 마음에서 우러나는 그런 친절한 행동을 보여주어야 한다.

상냥하고 환하게 미소 짓거나 웃으면서 친절을 베풀면 상대를 더욱 더 즐겁게 해줄 수 있고, 본인도 뿌듯한 감정을 느끼게 된다.

미국의 심리학자 윌리엄 제임스는 "우리는 행복해서 웃는 것이 아니라, 웃기 때문에 행복하다"고 말하였다.

근래에 우리나라에서는 건강에 좋다고 해서 전문적인 웃음 치료 강사들이 웃음 치료법을 가르치고 있다.

웃음이 어떤 좋은 점이 있는지, 여러 전문가들의 주장을 종합해서 정리한다.

① 미소를 보이면 호감이 가고, 편안하게 느껴지고 친밀감이 생긴다.

② 웃음은 면역 체계를 강화시키기 때문에 웃는 사람은 그렇지 않은 사람보다 오래 산다.
③ 웃음은 좋은 운동이다. 한 번 웃는 것은 5분 동안 에어로빅 운동하는 것과 같다.
④ 웃는 본인뿐만 아니라 상대방의 긴장을 풀어주어 스트레스를 해소해 준다.
⑤ 웃는 집에 복이 온다는 말이 있다. 웃는 얼굴에 침 못 뱉는다는 말도 있다.
⑥ 웃음은 상대방에게 좋은 이미지를 심어준다.
⑦ 웃음은 돈이 안 드는 보약이다.
⑧ 웃음은 상대방을 편안하게 한다.

사람이 표현할 수 있는 모든 행동 가운데 미소만큼 아름다우면서도 가장 상대의 마음을 움직이는 힘을 가진 것이 없다고 한다.

아일랜드 민요에 '시간을 내서 크게 웃어라. 웃음은 영혼의 음악이다'라는 내용이 나온다.

'미소 짓는 방법을 배우기 전까지는 가게 문을 열지 말라'는 유대인의 속담도 있다.

서비스업의 경영자들은 직원들에게 미소 짓는 훈련을 시키고, 친절을 베푸는 방법을 비롯해서 여러 가지 예절 교육을 강도 높게 시킨다.

  항공사의 여승무원, 백화점의 점원들은 고객에게 언제나 미소를 머금고 최대한으로 친절을 베푼다. 고객을 감동시켜 만족시키려는 것이다. 친절은 서비스와 연결되는 것이기 때문이다. 친절한 서비스를 제공받으면 누구든지 기분이 좋다. 내가 상대에게 친절하게 대해주면, 상대도 나에게 친절하게 대해주게 된다. 그러면 서로 호감을 갖게 되어 두 사람 사이에 보다 친밀한 인간관계가 맺어지게 된다. 좋은 인간관계는 사람을 성공으로 이끌어 준다.

  어떤 음식점에 갔을 때 종업원이 불친절하게 접대했다면 기분이 크게 상하게 된다.

> 세상에서 가장 인색한 것은 맑은 웃음을 아끼는 것이다.
> 눈가의 근육을 조금만 움직여서 한두 번 미소 짓는 것만으로도
> 사람들에게 행복감을 안겨줄 수 있는데도 그것조차 안 하는 사람이 많다.
>
> 미국의 사회 교육가 마덴

4 / 남을 배려할 줄 알아야 한다

> 다른 사람에게 베푸는 기쁨에 비례해서
> 자신의 기쁨이 쌓이게 된다.
> 영국의 공리주의 철학자 벤담

무엇이든 남에게 대접받고자 하는 대로 너희도 남을 대접하라(Do to others as you would be done by).

사회에서 사람들이 일반적으로 가장 싫어하는 사람이 누구일까? 그 가운데 하나는 조금도 베풀 줄 모르고 악착같이 자기 이익만 챙기려는 개인주의자일 것이다. 이런 사람을 흔히 얌체라고 한다.

그리고 다른 사람의 주장이나 의사를 무시하고 자기의 주장만 옳다고 우겨대면서 자기 멋대로 행동하는 사람들이 많다. 이런 사람을 흔히 독선적인 사람 또는 독불장군이라 한다. 개인주의자, 독선적인 사람들은 사회에서 따가운 눈총을 받거나 왕따 당한다.

인간 사회는 모름지기 더불어 사는 사회이다. 서로 어울리지 않고 각각 제멋대로 산다면 인간 사회는 너무나 삭막할 것이다.

인간관계는 원칙적으로 거래에 의해 이루어진다고 할 수 있다. 거래의 기본은 'Give and Take'이다. 주면 받게 되고, 받으면 주게 되는 것이 인간 사회의 소박한 원칙이다.

오는 정이 있어야 가는 정이 있다(Scratch my back, and I will scratch yours).

남에게 존경받기를 원하면, 상대방을 존중해 주어야 한다.

호의가 호의를 낳는다. 사람들은 자기에게 관심을 가지고 있거나 자기를 좋아해 주는 사람에게 마음을 여는 심리를 가지고 있다.

사랑을 받고 싶다면 먼저 사랑해야 하고, 얻고 싶다면 먼저 베풀어야 한다.

베풀어야 돌아오는 것이 있다. 유대인들은 어릴 때부터 자녀들에게 자선을 베풀어야 한다고 가르친다. 착한 일을 하면 복을 받는다는 말이 있다. 자선 행위를 하면 마음이 매우 흐뭇해지고 행복감이 넘치게 된다.

행복은 선행을 한 가정에 찾아든다(Happiness will visit the family who have done good deeds).

네 이웃을 네 몸과 같이 사랑하라(Love your neighbors as yourself).

가난하고 불쌍한 이웃을 생각하고 돕는 것은 인간의 도리이다. 자녀에게 가난한 사람을 위해 봉사하고 자선을 베푸는 경험을 가지게 한다면 교육상 매우 바람직한 일이라 할 수 있다. 더불어 사는 사회, 함께 나누는 사회는 아름답다. 남에게 자선을 베풀 줄 아는 사람은 더 아름답다.

심리학자들의 연구에 따르면 사람이 가장 행복하게 생각하는 것은 남을 위해 베풀게 되었을 때라고 한다. 긍정 심리학자 마틴 셀리그만은 "이해관계를 초월하여 선행에서 얻어지는 기쁨이 그 어떤 것과도 비교할 수 없는 만족감을 불러일으킨다"고 말하였다.

리더들은 남을 배려하는 마음을 지니고 있어야 한다. 미국의 록펠러는 석유 사업으로 33세 때 백만장자가 되었고, 53세 때 세계 최고의 갑부가 되었다. 그러나 55세 때 암 선고를 받았다. 이때 그의 주변에는 재산을 탐내는 사람이 많았다. 고민 끝에 자선사업을 하기로 결심하고 많은 재산을 사회에 환원하였다. 그 뒤 병원을 찾아가 검진을 한 결과 놀랍게도 암세포가 사라졌다는 것이다. 자선사업이 보람과 행복을 주고 사람의 마음을 즐겁게 해주어 암도 치유하는 효과를 가져온 것이다.

빌 게이츠도 경영 일선에서 물러난 뒤 자기가 설립한 자선단체에 많은 재산을 기부하였다. 워런 버핏은 많은 재산을 빌 게이츠가 운영하는 자선 단체에 기부하였다.

　빌 게이츠나 워런 버핏은 기꺼이 노블레스 오블리주(지도층의 도덕적 의무)에 충실한 사람들이라고 할 수 있다.

　정중하게 남을 배려할 줄 알아야 한다. 주관적인 입장에서 떠나 객관적인 입장에서 상대를 이해하고 배려해 주어야 한다.

　인도의 간디는 "문제를 상대의 시각에서 보는 아량만 인간에게 있다면 이 세상 문제의 98퍼센트가 해결될 수 있을 것이다"고 말한 적이 있다.

　상대의 자존심·감정·기분을 살려주고 체면을 세워주는 예의를 갖추는 것이 좋다고 할 수 있다. 그렇게 하면 성실하고 믿을 만한 사람, 사귈 만한 사람이라는 생각을 심어주게 되어 사회생활에 큰 도움이 될 것이다.

　남을 배려할 줄 아는 따뜻한 마음을 지니고 있는 사람은 다른 사람들로부터 존경과 사랑을 받을 수 있다. 상대의 입장이나 주장을 무시하고 자기의 입장이나 주장만 고집하는 그런 융통성 없는 사람은 사회에서 환영받지 못한다.

> 그대가 언쟁을 하고 고집을 내세우면 한때는 승리를 성취할 수 있으나,
> 그 결과는 상대방의 친선을 잃기 때문에 승리는 공허한 것이 된다.
>
> 벤저민 프랭클린

5 작은 일에도 감사할 줄 알아야 한다

> 조그만 일에 감사할 줄 아는 사람에게
> 더 큰 선물이 주어진다.
> 감사하는 마음은 고귀한 미덕일 뿐 아니라
> 다른 모든 미덕의 근원이다.
> 로마의 정치가이자 철학자 키케로

어떤 사람이 친절이나 은혜를 베풀었을 때나, 도움을 주었을 때 정중하게 감사의 말을 하는 것이 인간의 기본적인 예의이다.

그런데 상대에게 큰 은혜를 입었는데도, 큰 도움을 받았는데도 자기는 전혀 그런 사실이 없다고 오리발 내미는 사람을 흔히 짐승만도 못한 배은망덕한 사람이라고 욕한다.

상대방이 자기에게 도움을 주거나 은혜를 베푸는 것을 당연하게 생각하거나, 또는 자기는 그런 대우를 받을 수 있는 충분한 자격이 있다고 믿는 파렴치한 사람들도 있다. 이와 같은 태도는 사람을 역겹게 만든다.

식당에서 식사한 뒤 계산할 때 감사하다는 말을 하기는커녕, 무뚝뚝하게 음식값을 받아 챙기면 어쩐지 기분이 언짢아지게 된다.

도움을 받으면 지체 없이 기꺼운 마음으로 '고맙습니다' 또는 '감사합니다'라고 정중하게 말해야 한다. 그러면 본인도, 상대방도 함께 기분이 좋아지게 된다. 마땅히 감사해야 할 일에 대해 감사의 말을 하지 않을 경우 마음이 무겁다. 그러나 주저 없이 감사하다는 말을 하면 마음이 홀가분해지게 된다. 가족 사이에도 서로 고마움을 표시하면 더 화목해질 수 있다.

'찾아주셔서 감사합니다'라는 감사 전화를 받은 사람은 전화를 받지 않은 손님보다 더 자주 가게를 방문하였다고 한다.

미국 시사 주간지 《타임》이 선정한 가장 영향력 있는 인물 100명 가운데 한 사람으로 선정된 토크쇼 M.C. 오프라 윈프리는 바쁜데도 날마다 감사 일기를 쓴다고 한다. 그녀는 하루 중에 일어난 일 가운데 감사할 만한 다섯 가지를 적는다고 한다.

미시건 대학의 피터슨 교수가 학생들에게 자기에게 도움을 주었던 사람에게 감사 편지를 쓰게 했는데, 감사 편지를 쓴 학생 100퍼센트가 전보다 더 행복해졌다고 한다.

감사하는 마음이 사람에게 어떤 영향을 주는지 전문가들의 의견을 종합해서 정리한다.

① 기쁨을 주고, 기분 좋게 해준다.
② 감사하다고 말하면 자기 자신도 상대방도 함께 행복감을

맛볼 수 있게 된다.
③ 남을 배려하게 하고, 겸손하게 만든다.
④ 이기적이고 독선적인 경향으로 흐르지 않게 한다.
⑤ 긍정적으로 생각하여 스트레스를 없애 준다.
⑥ 친절하고, 관대한 사람으로 변하게 한다.
⑦ 가족을 화목하게 만들고, 좋은 대인 관계를 유지하게 한다.
⑧ 면역 기능을 강화시킨다.

감사하다는 말을 하는 것이 우리 생활에 굉장히 좋은 영향을 끼친다는 것을 알 수 있다. 지금 이 순간부터 감사하는 마음을 지니고 살도록 해보자.
감사의 말을 함으로 자존심에 손상이 가는 것이 아니다.

지금부터 20년 뒤 여러분은 잘못하여 후회하는 일보다
하지 않아서 후회하는 일이 더 많을 것입니다.
밧줄을 던져 버리고 안전한 항구에서 벗어나 멀리 항해하십시오.
무역풍을 타고 나가십시오. 탐험합시다.

마크 트웨인

6 / 잘못에 대해 솔직하게 사과하는 태도가 중요하다

> 소인은 저지른 과실에 대해 변명하기 바쁘지만,
> 군자는 자신의 허물을 고쳐 두 번 다시 반복하지 않는다.
> 공자

'네가 잘못했으니 사과해라', '나는 잘못한 것이 없으니 죽어도 사과할 수 없어' 이렇게 옥신각신하다가 감정이 격해져 주먹이 오고 가다가 살인하는 사태도 벌어진다. 이때 잘못을 저지른 사람이 자기의 잘못을 솔직히 인정하고 '제가 잘못했습니다', '대단히 죄송합니다'라고 진심으로 사과했다면 이런 끔찍한 일이 일어나지 않았을 것이다.

자기 잘못을 솔직히 인정하고 사과하고 나면 마음이 홀가분해진다. 자기 잘못을 인정하지 않아 큰 화를 부를 수 있는 것이다.

잘못을 고백했다면 반은 용서받은 셈이다(A fault confessed is half forgiven).

잘못했을 때 변명을 늘어놓아서는 안 된다. 먼저 잘못을 인정하고 사과해야 한다. 그러면 상대의 오해가 풀리고, 용서도 받을 수 있게 된다. 그리고 상대방에게 좋은 인상을 심어줄 수 있다.

잘못을 저지르고 잘못한 것 없다고 사과하지 않고 오히려 다른 사람의 탓으로 돌리는 사람들도 있는데, 이런 사람들은 무책임하고 뻔뻔스러운 사람으로 낙인찍히게 된다.

잘못이 있는데도 얄밉게 사과는 하지 않고 말도 안 되는 변명만 늘어놓는다면 상대의 자존심·감정을 상하게 하여 문제해결을 더 어렵게 만들 수 있는 것이다.

하나의 잘못을 부인하는 것은 두 번 잘못을 저지르는 것이다 (Denying a fault double it).

사과할 줄 모르고 자기 입장만 고집하는 사람은 이기적인 사람이다. 이런 사람들은 얻는 것보다 잃는 것이 더 많다.

사과하는 것을 부끄럽게 생각해서는 안 된다. 잘못에 대해 사과하는 것은 당연한 도리이다. 상대에게 사과하는 행위를 자존심에 금이 가거나 상대에게 지는 것이라고 생각해서 사과하지 않는 경우도 있다. 그러나 사과하는 것은 부끄러운 일이 아니고 떳떳한 일이다. 그리고 자존심이 상하는 것이 아니라 오히려 자존심을 높이는 것이고, 지는 것이 아니라 이기는 것이다. 따라서 사과하면 잃는 것보다 얻는 것이 더 많다고 할 수 있다.

잘못에 대해 진심으로 사과하고 나면 심적인 부담에서 벗어날 수 있어 마음이 후련해진다. 가족에게도 잘못을 했을 때에는 진심으로 사과하면 가족이 한결 더 화목해질 수 있다. 예를 들어 아버지가 자녀들에게 "공부에 방해되게 해서 미안하다", "저번 약속을 못 지켜 미안해" 이렇게 사과하면 자녀들은 아버지에 대해 신뢰감을 갖게 될 것이다. 그러면 가족 사이의 우애도 더 두터워질 것이다. 사과는 인간관계를 부드럽게, 그리고 친밀하게 만들어 준다.

자기의 잘못을 솔직하게 인정하고 정중하게 사과하는 것도 마땅히 지켜야 할 중요한 예의 가운데 하나이다.

> 나는 용기를 잃지 않는다.
> 내가 겪어온 역경은 나에게 힘을 북돋아 준다.
> 인간의 신뢰는 나에게 희망을 준다.
> 나는 이를 믿으려 한다.
>
> 슈바이처

7 개성 있게 키워야 한다

> 형제의 머리를 비교하면 양쪽을 다 죽이지만,
> 형제의 개성을 비교하면 양쪽을 다 살릴 수 있다.
> 유대인의 격언

사람의 얼굴이 제각기 다르듯이 개성도 다르다.

유대인들은 형제를 서로 다른 인격체로 인정한다. 그렇기 때문에 형과 동생을 비교하지 않는다. 또, 자식들이 친구 집에 놀러 갈 때 형제를 함께 보내지 않는다. 이것은 서로 성격이나 취미가 다를 수 있기 때문에 개성이 다른 인간으로 성장하게 하려는 의도에서 나온 것이다.

지금은 디지털 시대, 그리고 다양성의 시대로 개성이 중요시되고 있다. 고등학교나 대학교에 진학할 때, 그리고 취업할 때 자기소개서를 쓰게 될 경우 또는 면접을 볼 때 자기만의 독특한 개성과 소신이 나타나 있어야 한다. 논술 고사 때도 시중에 나와 있는 책의 내용을 베낀 것 같은 그런 답안은 채점자에게 좋은 인상을 줄 수가 없다. 모방해서는 안 된다. 차별화해야 독특한 개성이 나타나게 된다. 지금은 개성시대라고 한다. 개성 있게 튀는 사람이 주목받게 된다.

  아버지와 대화를 많이 나누는 자녀가 창의력이 높고, 학원이나 학습지에 지나치게 매달리면 창의력이 떨어지는 것으로 조사된 바가 있다. 그리고 조기 학습지 교육이 바람직스럽지 않다는 연구 결과도 나왔다. 반복 학습으로 단순 지식을 습득하게 하는 학습지는 아이의 창의성 발달을 방해한다고 한다.

> 성공을 위해서는 성공하겠다는 강렬한 욕망이
> 우리의 잠재 의식에까지 스며들 수 있어야 한다.
> 교세라 인터내셔널의 경영자 가즈오 이나모리

8 자립심을 키워야 한다

> 스스로 책임질 줄 아는 사람이야말로
> 진정으로 힘이 있는 사람이다.
> 그런 사람들은 항상 무슨 일에서나
> 강력한 주도권을 행사한다.
> 미국의 성공학 대가 브라이언 트레이시

사회가 복잡하고 경쟁이 치열한 이 시대에 의존적인 사람은 성공하기 어렵다. 부모의 판단이나 해결을 기다리는 나약한 사람이 되어서는 안 된다.

스스로 생각하고 스스로 판단하고, 스스로 해결해 나가는 능력을 길러야 한다. 또, 스스로 선택한 일에 대해 스스로 책임질 줄 아는 사람으로 길러야 한다.

어려운 일이 있을 때 자기 자신을 격려하고 참고 이겨낼 수 있는 위기관리 능력을 갖춰야 한다. 현대 사회에서는 자기 자신을 잘 관리하는 셀프 리더십(Self-Leadership)이 아주 중요하다.

자녀들의 독립심을 키워주려면 셀프 리더십을 갖추게 해야 한다. 유대인들은 어려서부터 독립심을 키우기 위한 교육을 중요시한다. 유대인들은 자기 관리를 잘하는 셀프 리더십에 뛰어나기 때문에 오늘날 세계의 여러 분야에서 크게 두각을 나타내고 있는 것이다.

유대인들은 의미 있는 목표를 정해놓고, 그 목표를 향해 자기 자신을 채찍질하면서 열정적으로 끊임없이 노력을 계속한다.

미국에서는 자녀가 10대만 되어도 부모로부터 정신적으로나 물질적으로 독립해야 한다고 생각한다. 그리하여 독립심을 길러 주기 위한 교육을 실시한다.

요새 우리나라 아이들은 다른 나라 아이들에 견주어 독립심과 진취성이 약하고, 이와 달리 복종과 순종을 잘하도록 길들어 있다. 바람직하지 못한 현상이다. 이것은 전적으로 부모의 책임인 것이다. 독립심과 진취성이 강한 사람이 성공할 수 있다.

> 성공의 비결은 시작에 있다.
> 시작의 비결은 질리도록 복잡한 일이라도
> 감당할 수 있을 정도의 작은 조각으로 분할해서
> 첫 조각부터 시작하는 데 있다.
>
> 마크 트웨인

9 기꺼이 사회봉사 활동에 참가해야한다

> 봉사자의 90퍼센트 이상이 행복지수가 높아진다.
> 앨런 룩스의 《선행의 치유력》

　미국에서는 남을 위한 봉사 활동이 활발하다. 근래에 우리나라에서도 봉사 활동의 중요성이 강조되어 많은 자원 봉사 단체들이 생겨나고 있고, 많은 국민들이 봉사 활동에 참가하고 있다.
　자녀들이 어려서부터 자원 봉사를 경험할 수 있게 하는 것은 중요한 감성 교육 가운데 하나라고 할 수 있다. 자원 봉사 활동에 참가함으로 사회 현실을 배울 수 있다. 주위에는 도움의 손길을 기다리는 사람이 많다.
　세상에는 자신보다 어렵게 살아가고 있는 사람들이 많다는 것을 알고 어려운 사람을 도와줌으로 삶의 보람을 느낄 수 있다. 고아원·양로원·장애인 시설에 찾아가 봉사함으로 노동의 소중한 가치를 깨닫고, 나도 사회에 기여할 수 있는 사람이다라는 자부심을 가지게 되어 큰 보람을 느끼게 된다.

봉사 활동을 하면 보람을 느끼기 때문에 몸에 엔도르핀이 분비되어 스트레스와 통증이 줄어든다는 연구 결과도 있다.

강요 때문에 마지못해 하는 봉사 활동은 오히려 스트레스를 쌓이게 해서 건강에 해롭다.

봉사 활동에 힘을 기울인 테레사의 전기를 읽게 한 뒤 조사했더니 역시 면역 기능이 강화되었다고 한다. 이것을 테레사의 효과라고 한다.

자녀를 이기주의자로 만들어서는 안 된다. 자녀들은 다른 사람을 위한 봉사에서 자기의 가치를 발견할 수 있다.

근래에 사회봉사에 대한 관심이 높아지고 있는 실정이다. 서울대학, 한양대학 등 여러 대학에서 사회봉사를 학점으로 인정하고 있다. 숙명 여대에서는 아무리 성적이 우수한 학생이라도 15시간 이상의 사회봉사 경험이 없으면 장학금 지원 대상에서 제외시킨다고 한다.

입학사정관에 의한 특목고, 자사고 학생 선발에서 봉사 활동 경험을 중요시하고 있다.

고통을 나누고 더불어 살아가는 사회는 아름답다. 고통은 나누면 반으로 줄고, 기쁨은 나누면 두 배가 된다는 말이 있다.

인간은 혼자 살아갈 수 없는 것, 그래서 더불어 함께 살아가야 하는 것이다.

　은행을 비롯한 여러 기업에서 사회봉사를 중요시하고 있다. 사회봉사 경험을 인사 평가 자료로 활용하는 기업도 있다. 2006년부터 삼성 그룹에서는 임직원에게 의무적으로 사회봉사 활동을 하도록 결정하였다. 직원 채용에서 사회봉사 활동 경험자를 우대하는 기업도 있다.

일하는 자에게 영광을 가져다주는 것은 노동이다.

유대인의 《탈무드》

건강이 최고의 재산이다

걷기 등 유산소 운동은
뇌 활성화와 집중력에 영향을 준다.

클래식 음악은 정서를 순화하고,
두뇌를 좋게 한다.

1. 건강의 중요성을 가르쳐야 한다

> **행복은 무엇보다 건강에 있다.**
> (Happiness lies, first of all, in health)
> 격언

건강을 잃고서야 비로소 건강의 소중함을 알게 된다(We don't know the blessing of health till we lose it).

건강을 잃으면 모든 것을 잃는 것이다. 재산도 명예도 소용이 없다.

건강이 재산보다 더 낫다(Good health is above wealth).

건강한 사람만이 희망을 가질 수 있고 행복하게 살 수 있으며 성공도 할 수 있다. 평소에 꾸준히 규칙적인 운동을 해서 체력을 단련시켜야 한다. 공부하는 것도 노동이다. 체력이 튼튼해야 힘든 공부를 해나갈 수가 있는 것이다. 체력이 부실하면 학습 능력과 집중력이 떨어지게 된다.

또 건강을 유지하려면 평소에 위생에 관심을 가져야 한다.

손만 잘 씻어도 감기 등 질병의 70퍼센트 정도를 예방할 수 있다고 한다.

예방은 치료보다 더 중요하다(Prevention is better than cure).

건강을 유지하는 데 최고의 보약은 규칙적인 운동이다. 운동은 모든 질병의 최고 예방약이다. 운동은 암도 절반으로 줄일 수 있다고 한다.

운동해서 좋은 점은 무엇인가? 여러 전문가들의 의견을 종합한다.

① 운동은 체력을 강화시켜 공부하고 일하는 데 지구력을 길러준다.
② 운동은 스트레스를 풀어주고 정신 집중에 도움을 주어 학업 성적이 향상된다.
③ 운동을 하면 인내심과 자신감이 생기고 긍정적으로 생각하게 된다.
④ 운동은 쉽게 피로하지 않게 하고, 뇌 기능을 향상시킨다.

미국에서 사망 원인의 1위는 흡연이고, 2위는 비만이라고 한다. 흡연과 비만이 다른 병을 유발하거나 병의 증상을 악화시키기 때문이다. 흡연의 해독성을 알려 애당초 절대로 담배를 배우지 않게 해야 한다. 한 번 담배에 중독되면 좀처럼 끊을 수가 없다.

비만은 만병의 근원이라고 한다. 어려서부터 비만이 되지 않도록 신경 써야 한다. 어렸을 때 비만이면 성인이 되어서도 비만일 가능성이 높다고 한다. 현재 우리나라 인구 가운데 32퍼센트가 비만이고, 비만 때문에 생겨나는 사회 간접비용이 1년에 2조 원이나 된다고 한다.

비만은 사람들로 하여금 열등의식을 느끼게 하고, 자신감을 잃게 한다. 그러다가 우울증에 빠지기 쉽다.

우리나라 고등학생의 69.7퍼센트가 우울증에 시달리고 있다고 한다. 주요 원인은 열등의식과 학업에서 오는 스트레스 때문이다. 걱정·불안·초조 때문에 생기는 스트레스는 정신 건강에 크게 해롭다. 스트레스는 만병의 근원이라고 한다.

녹이 쇠를 좀먹듯이 근심이 마음을 좀먹는다(As rust eats iron, so care eats the heart).

스트레스를 받으면 정신 집중을 제대로 할 수 없어 공부해도 효과가 별로 없다. 공부할 때 자녀들이 스트레스를 받지 않도록 세심한 주의를 기울여야 할 것이다.

운동·산책·명상·음악 감상 등을 통해 스트레스를 해소해야 한다. 스트레스가 쌓이면 우울증이 생기고 신경이 쇠약해질 수도 있다. 명상하거나 음악 감상을 하면 긴장감이 이완되고, 정서적으로 안정될 수 있다. 요란스러운 대중음악은 좋지 않고, 서양 고전 음악 가운데 바흐나 모차르트의 음악이 도움이 된다. 바흐와 모차르트의 음악은 집중력을 높여주고 마음을 안정시켜 주는 효과가 큰 것으로 나타났다.

산책을 하면 혈액 순환이 빨라져 효율적으로 뇌에 산소를 공급해 주어 머리가 맑아진다고 한다. 독일의 철학자 칸트는 평생 식사 후 1시간 규칙적으로 산책하면서 작품을 구상했다고 한다. 또 베토벤은 산책하면서 떠오른 악상을 토대로 교향곡 《운명》을 작곡하였다고 한다. 영국의 찰스 디킨스도 런던 거리를 산책하면서 아이디어를 얻어 《크리스마스 캐롤》을 썼다. 산책할 때 접하게 되는 초록색은 긴장을 풀어주어 아이디어를 떠오르게 한다는 것이다.

강인한 체력, 강인한 정신력을 지니고 있어야 오늘날과 같은 치열한 경쟁 시대에 살아남을 수 있다.

일찍 일어나는 것은 사람을 건강하게,
부유하게 그리고 현명하게 만든다.

벤저민 프랭클린

2. 올바른 식생활 습관을 길러야 한다

> 건강한 신체에 건강한 정신
> (A sound mind in a sound body)
> 격언

어려서부터 식생활 습관을 바로 잡아주어야 한다. 한 번 길들여진 식생활 습관은 좀처럼 고치기 어렵다. 올바른 식생활 습관은 위암 등 여러 질병을 예방할 수 있다고 한다. 소금·설탕·육류 섭취를 잘 조절하고 채소·과일을 많이 먹는 식생활 습관을 길러 주어야 한다.

그리고 물을 많이 마셔야 한다. 하루에 1.8~2리터가량 마시는 것이 좋다고 한다. 물을 많이 마시면 신진대사가 활발해져 집중력과 두뇌 활동에도 좋고 스트레스 해소에도 도움을 준다고 한다.

사이다·콜라 같은 탄산음료를 마시는 것은 건강에 좋지 않기에 삼가도록 해야 할 것이다.

햄버거·감자튀김·치킨 같은 패스트푸드나 라면 같은 인스턴트 식품은 뇌에 좋지 않고 비만을 가져온다. 될 수 있는 대로 패스트푸드나 인스턴트 식품을 먹지 않는 것이 좋다.

하버드 의과대학의 연구에 따르면, 아침밥을 먹고 공부해야 학습 능력이 향상된다고 한다.

한국농촌경제연구원의 연구에서 아침밥을 먹는 학생이 수능 성적이 좋다는 결과가 나왔다. 대학수학능력고사 성적이 상위권 0.1퍼센트 안에 들었던 학생들을 상대로 조사한 바에 따르면, 84퍼센트가 아침밥을 챙겨 먹었다고 한다.

자녀들에게 콩으로 만든 음식을 많이 먹이는 것이 좋다. 집중력과 학습 능력 향상에 도움이 되기 때문이다.

음식을 가려서 먹는 아이들이 많다. 편식하면 음식을 골고루 섭취하지 못하여 영양의 불균형이 나타난다. 어려서부터 편식하지 않도록 지도해야 할 것이다.

서울대 의대 유태우 교수의 아침밥을 먹어야 하는 이유
첫째, 아침을 거르면 점심 때 빨리 많이 먹게 되어 살찌게 되고,
둘째, 아침을 거르면 점심 때 많이 먹게 되어 위장 장애를 일으키며,
셋째, 아침을 거르면 뇌기능이 저하되어 집중력이 떨어진다.

자녀들을 끊임없이
주의 깊게 관찰해야 한다

칭찬은 돈을 들이지 않고도 상대방으로 하여금
스스로 원해서 더 열심히 노력하게 만드는 방법이다.

인간은 쉽게 칭찬을 잊어버리지만,
부정적인 언사는 좀처럼 잊지 않는다.

자녀들에 대한
감시·감독을 게을리 해서는 안 된다

> 만남은 대화를 낳고, 대화는 이해를 낳고,
> 이해는 믿음을 낳고, 믿음은 사랑을 낳고,
> 사랑은 기쁨을 낳고, 기쁨은 웃음을 낳고,
> 웃음은 건강을 낳고, 건강은 행복을 낳는다.

어렸을 때 또는 학교에 다닐 때 누구나 부모에게 교묘하게 거짓말해서 엉뚱한 짓을 하거나 나쁜 짓을 한 경우가 있었을 것이다. 호기심 때문에 나쁜 짓을 하거나, 도서관이나 친구 집에 간다고 거짓말하고 딴 곳으로 새버린 경우도 더러 있었을 것이다.

아이들은 부모나 선생이 억제하거나 금지하는 일에 대해서 더욱 호기심을 가지고 몰래 경험해 보려 한다. 청소년들의 사춘기는 질풍노도의 시대로서 때에 따라서는 거칠게 행동하기도 하고, 어느 순간에 얌전해지기도 한다. 사춘기의 청소년들은 마치 럭비공과 같아서 어디로 튈지 몰라 부모들은 불안하다.

학창 시절에는 대개 이상한 호기심에 이끌려 담배를 피우게 되고 술도 마시게 된다. 어른들이 담배 피우고, 술 마시는 것을 멋있다고 생각하는 것이다. 깡패에 대한 막연한 동경심 때문에 나쁜 서클에 가입하기도 한다. 그리고 이성과 섹스에 대한 지나친 야릇한 호기심 때문에 돌이킬 수 없는 잘못을 저지르게 된다. 청소년 범죄가 해마다 증가하고 있는 실정이다.

호기심이 나쁜 방향으로 쏠려 헤어나기 어려울 정도로 타락하는 경우가 많다. 한 번 망가지면 돌이키기 어렵다. 나쁜 길로 빠져들기는 쉬워도 빠져나오기는 힘들다.

사춘기에는 이성 문제로 고민이 많고 열병을 앓거나 홍역을 치르는 경우가 많다. 그리하여 정신없을 정도로 방황해서 공부에 막대한 지장을 주게 된다. 사춘기에 이와 같은 홍역을 무사히 치르도록 부모들은 크게 신경 써야 할 것이다.

청소년들은 사춘기에 관심을 끌려고, 동정을 사려고, 인정을 받으려 하기 때문에 엉뚱한 행동을 하기도 한다. 청소년기에는 꿈도 많고, 한편으로는 고민도 많아 좌절하는 수도 많다. 생각하는 대로 되지 않으니 현실에 실망하고 자포자기에 빠지기도 한다. 또한 불만이 많고, 이유 없이 반항하기도 하고, 뿐만 아니라 가출·자살 충동도 많이 느끼게 되는 시기이다.

우리나라는 OECD 30개국 가운데 자살률이 1위이다. 부끄러운 일이다. 조사에 따르면, 청소년 가운데 42.9퍼센트가 자살 충동을 느꼈다고 한다. 청소년들이 자살하게 되는 주요 원인으로는 성적에 대한 고민, 친구들에게 당하는 왕따, 가정환경 등 때문이다.

그리고 10명 가운데 1명이 가출 경험이 있었다고 한다. 자녀들이 학교나 학원에서 친구들로부터 왕따 당하고 있지나 않나 주의 깊게 관심을 기울여야 할 것이다. 왕따를 당하고 있는 충격과 고통을 못 이겨 자살도 하게 된다.

대부분의 부모들은 자기 자녀에 대해 누구보다도 잘 알고 있다고 생각한다. 그러나 그렇지 않은 경우가 많다. 자녀에게 예기치 않은 큰 문제가 터졌을 때, 내 아이는 그런 문제를 일으킬 리가 없다고 생각하여 신경 쓰지 않고 있다가 막상 일이 터져 사실로 밝혀지면 '내 자식 잘못 봤다' 또는 '잘못 키웠다'고 한탄하게 된다.

부모가 자라던 때의 사고방식과 가치 기준으로 자녀를 가르쳐서는 안 된다. 흘러간 물이 물레방아를 돌릴 수 없다. 시대가 변하면 부모의 사고방식도 변해야 한다. 부모가 변하지 않으면 자녀들과 자주 충돌할 수밖에 없다.

청소년기에는 대부분 성장통을 겪게 된다. 이 성장통 시기를 현명하게 잘 넘겨야 한다. 부모들은 학창 시절의 경험을 되살려서, 그리고 자녀들의 심리를 잘 파악해서, 나쁜 길로 빠지는 것을 막아야 한다.

2. 자녀들의 심리를 잘 파악하는 것이 좋다

> 나뭇가지에 가위질을 하는 것은 나무를 사랑하기 때문이다.
> 부모에게 야단맞지 않고 자란 아이는 좋은 사람이 될 수 없다.
> 겨울 추위가 심할수록 오는 봄의 나뭇잎은 한층 푸르다.
> 사람도 역경에 단련되지 않고는 큰 인물이 될 수 없다.
>
> 벤저민 프랭클린

자녀들을 올바르게 잘 키울 수 있는 중요한 방법 가운데 하나는 자녀들의 가치관과 심리나 사고방식을 잘 파악하는 것이다. 부모와 자식 사이에는 세대차 때문에 부모가 살았던 환경과 자식들이 살고 있는 환경이 달라 사고방식, 의식구조, 가치관에 차이가 있다. 이런 차이 때문에 부모 세대와 자식 세대 사이에 서로 불신하여 충돌하기도 한다.

부모들은 자식을 통제하고 자식이 하는 일에 대해 간섭하려 하지만, 자식들은 크게 반발하게 된다. 그리고 잘못을 남의 탓으로 돌리거나 남을 원망하기도 하면서 책임을 회피하려 한다. 불만도 많아서 현실에서 도피하려 하고 이유 없이 반항도 한다.

청소년기에는 감수성이 예민하고 감정을 자제하지 못하여

감정을 쉽게 폭발시키고, 좌충우돌하면서 사고를 저지르기도 한다. 청소년기에는 대부분 확고한 가치관이 형성되지 않아서 방황하기 쉽다. 그렇기 때문에 줏대 없이 이리 저리 흔들리다 나쁜 길로 빠질 수가 있다. 어려서부터 자녀에게 확고한 가치관을 심어주어야 한다. 부모의 가치관이 자녀에게 큰 영향을 주게 된다.

청소년 사춘기에는 상상력과 호기심이 풍부하고, 꿈이 많은 시기이다. 상상력과 호기심이 나쁜 방향으로 흐르는 것을 막고, 좋은 방향으로 흐를 수 있게 유도해야 한다.

청소년은 꿈이 현실의 벽에 부딪치면 좌절하여 자신감을 잃고, 열등의식과 패배의식에 빠질 수가 있다. 열등의식은 큰 병이다. 더욱이, 자라나는 과정에 있는 아이에게 치명적인 타격을 줄 수가 있다. 열등의식은 의욕이나 자신감을 빼앗아 가고 패배감이나 절망감으로 빠뜨려 모든 것을 비관적으로 생각하게 하여 자살의 충동까지 느끼게 한다. 열등의식은 부모가 빨리 발견하여 바로잡아 주어야 한다. 부모가 칭찬하고 격려하여 자긍심과 자신감을 심어주어야 한다.

자긍심이 높은 사람은 의지가 강하고 참을성과 끈기가 있으며 독립심이 강하다고 한다.

자긍심이 강한 아이는 학업 성적도 뛰어나다는 연구 결과도 있다. 유대인이 여러 분야에서 두각을 나타내는 것은 선민(選民)사상에서 나온 자긍심을 지니고 있기 때문이다. 이 자긍심 때문에 사명감을 가지고 열심히 노력하게 되는 것이다.

부모들이 아이들을 불신할 때 그들은 반발하고 흔들리게 된다. 그러나 아이들을 믿어주고 자신감을 불어넣어 주면 자존감이 생겨 정신 차리고 열심히 공부하게 된다. 부모들이 아이들을 일방적으로 끌고 가면 아이들은 반발하고 다른 길로 빠지려 할 것이다.

충청남도교육청에서 발행한 《가정의 행복을 가꾸는 올바른 가정교육》에서 '부모들이 지나치게 야단치고 너무 통제하거나 간섭할 경우 자녀들은 자율적이고 진취적인 사람이 되기 어렵다. 오히려 남의 눈치나 살피는 나약하고 의존적인 사람으로 자라게 된다. 인간은 누구나 자라는 과정에서 독립하려고 한다. 그리고 남의 간섭이나 지시에 따르기보다 자기 뜻대로 행동하려고 한다. 부모들은 때에 따라서는 자극을 주기도 하고, 적절히 통제하면서 아이들의 지적 호기심이나 탐구 의욕을 북돋워 주어야 한다'고 씌어 있다.

3 자녀들과 대화를 자주 나누어야 한다

> 한 포기의 풀이 싱싱하게 자라려면 따스한 햇살이 필요하듯이
> 한 인간이 건전하게 성장하려면 칭찬이라는 햇살이 필요하다.
>
> 프랑스 교육자 루소

자녀의 교육에서 좋은 방법 가운데 하나는 가족과의 저녁식사 시간을 이용하는 것이다.

미국의 뉴컬럼비아 대학에서 10대를 대상으로 조사한 결과, 가족과 일주일에 다섯 번 이상 저녁식사를 하는 아이는 학업 성적뿐만 아니라, 정서적으로 그렇지 않은 10대 보다 더 안정적이었다고 한다.

유대인들은 저녁에 온 가족이 함께 식사하는 것을 원칙으로 한다. 식사하면서 어떤 주제에 대해 토론한다.

아이들은 자주 거짓말을 하거나 숨기려는 것이 많다. 학교에서 선생에게 야단맞았거나 시험을 잘 못 보았거나, 친구들과

싸웠거나 친구들에게 따돌림을 당했을 때, 아이들은 우울해지거나 걱정에 휩싸이게 된다. 이럴 때 빨리 눈치 채서 아이들과 솔직하게 대화를 나누어 그 원인을 빨리 알아내어 해결책을 찾아야 한다.

"너 요새 무슨 고민이 있는 것 같은데, 아빠한테 솔직히 말해봐, 아빠가 최대한으로 협조해 줄게, 서로 의논해서 해결책을 찾아보자"고 말하면서 대화에 끌어들이도록 해야 한다.

대화할 때에는 자녀들이 자기의 의견을 거리낌 없이 털어놓을 수 있는 부드럽고 자유스러운 분위기를 만들어야 한다. 대화할 때 부모는 권위를 내세우거나 윽박질러서는 안 된다. 부모가 말하는 시간보다 자녀가 말할 수 있는 시간을 더 많이 주어야 하고 자녀의 말을 인내심을 가지고 끝까지 들어야 한다. 중간에 화를 내면서 말을 가로막고 야단쳐서는 안 된다. 그러면 다음에는 입을 닫아버리고, 좀처럼 대화에 응하지 않게 된다.

교육평가원에서 조사한 바에 따르면, 부모와 자주 대화를 나누는 학생들의 성적이 좋았고, 창의성이 높다고 한다. 부모와 자녀가 서로 바쁘더라도 자주 대화할 수 있는 시간을 만들어야 한다. 저녁식사 시간이 좋은데, 그것이 여의치 않을 경우에는 일요일이나 공휴일에라도 대화를 나눌 수 있도록 해야 한다.

대화를 자주 나누다 보면 아이들이 원하는 것이 무엇인지,

불만이 무엇인지, 고민이 무엇인지를 알아낼 수 있다.

부모와 자녀 사이에는 공통된 생각이나 직접적인 이해관계가 없다. 그렇기 때문에 10대 자녀들은 부모가 자기들의 처지나 입장을 이해하지 못한다고 원망하고, 부모는 부모대로 자녀들이 자기들의 입장을 이해하지 못한다고 섭섭하게 생각한다. 따라서 부모들은 자녀와 대화할 때에는 자녀의 처지나 입장을 이해하려고 노력해야 하며 자녀를 인격체로 인정해야 한다.

대화할 때는 무엇보다 중요한 것이 신뢰가 바탕이 되어야 한다는 것이다. 부모가 자녀들로부터 신뢰를 받고 있지 못한다면 대화는 그만큼 효과가 적어질 것이다. 부모와 자녀가 서로를 신뢰하는 가운데 대화가 부드럽게 이루어질 수 있다. 사람들은 자기를 이해해주고 믿어주는 사람을 더 좋아한다. 자기를 이해해주고, 믿어주는 사람이라면 그가 무슨 말을 하든 그 말을 받아들이려고 노력한다.

대화는 교육에서 매우 중요하다. 자녀는 부모와 대화를 하며 부모의 살아 있는 지혜와 경험을 배우게 되고, 가치관·판단력·도덕에 관한 안목을 기를 수 있다.

대화를 나눌 때 자녀의 자존심을 상하게 하는 말은 최대한으로 삼가는 것이 좋다.

예를 들면, "너 그따위로 할 바엔 내일부터 학교 가지 마", "너는 만날 그 모양 그 꼴이냐", "네가 할 줄 아는 게 무어냐", "이렇게 쉬운 것도 틀려, 이 돌대가리 같은 놈아", "이 한심한 놈아, 언제 사람 구실 할 거야"와 같은 말이다. 가능한 한 자존심을 상하게 하는 말은 최대한으로 삼가고, 격려하고 용기를 주는 말을 많이 해야 한다.

예를 들면, 학교 성적이 떨어졌을 때 차분하게 "다음번에는 실수하지 마라, 열심히 공부해서 성적을 끌어올려, 난 널 믿어, 너는 머리가 있으니까"라고 말하며 격려해 주면서 머리를 쓰다듬어 주거나, 끌어안아 주도록 한다.

잘못한 한 가지 일에 대해 되풀이해서 야단치지 말아야 한다. 따끔하게 한 번 야단치는 것으로 끝내도록 해야 한다.

생각하기 위해 시간을 내라. 능력의 근원이다.
운동하기 위해 시간을 내라. 젊음을 유지하는 비결이다.
독서를 위해 시간을 내라. 지혜의 원천이다.
친절하기 위해 시간을 내라. 행복으로 가는 길이다.
꿈꾸기 위해 시간을 내라. 뜻을 품는 것이다.
웃기 위해 시간을 내라. 영혼의 음악이다.

아일랜드 민요

4 칭찬은 고래도 춤추게 한다

> 타인을 칭찬함으로써 자기가 낮아지는 것이 아니라,
> 오히려 상대방과 같은 위치에 자기를 끌어올려 놓는 것이다.
>
> 독일의 문호 괴테

 매를 아끼면 아이를 망친다(Spare the rod, and spoil the child). 스위스의 교육자 페스탈로치는 교육적 목적을 위해서만 회초리를 들라고 말하였다.

 그리스의 철학자 플라톤은 "못된 행동에 책임을 주기 위해서 반드시 회초리가 필요하다"고 말하였다. 실수가 아니라 의도적으로 나쁜 짓을 했거나 잘못했을 때에는 야단쳐야 한다. 자기의 잘못을 인정하지 않을 경우에는 때에 따라 회초리를 들어야 한다. 하지만 될 수 있는 대로 회초리 드는 것을 참고, 자녀가 자기의 잘못을 스스로 깨닫게 해야지 강요하여 억지로 잘못을 인정하게 해서는 안 된다.

 어쩔 수 없이 야단치거나 회초리를 들고 난 다음에는, 반드시 아이의 마음을 풀어주어야 한다.

"네가 미워서 그러는 게 아니야, 너 잘되라고 그러는 거야. 아빠는 누구보다 너를 사랑해"라고 말하면서 머리를 쓰다듬어 주거나 껴안아 주어 아이의 마음을 풀어주어야 한다.

'미운 자식 떡 하나 더 주고 귀여운 자식 매 하나 더 준다'는 옛 어른들의 말이 있다. 이것은 귀한 자식일수록 속으로 귀여워하고 겉으로는 엄격하게 가르치라는 것을 뜻한다. 따라서 부모는 자녀에 대해 자애로우면서도, 한편으로는 엄해야 하는 것이다.

'오른손으로 벌을 주고, 왼손으로 정답게 껴안아 주라'는 유대인의 격언은, 벌은 반드시 애정을 수반해야 한다는 사실을 잘 나타내는 말이다. 사실 유대인은 도구와 같은 것을 이용해서 어린 자녀를 때리지 않는다. 때릴 때에는 손으로 때리고, 머리는 피해서 때린다.

절대로 아침에 자녀를 야단치거나 때려서는 안 된다. 하루 종일 기분이 상해서 공부를 제대로 할 수 없게 된다. 또한 부모가 화를 이기지 못하여 화풀이로 회초리를 들어서는 안 된다.

부모가 자녀를 야단칠 때에는 자존심을 상하게 하거나 결정적인 약점을 들춰내어 열등감을 조장하는 말은 삼가야 한다.

"너 그렇게 말 안 들을 거면 나가, 이 멍청한 놈, 너 같은 놈 필요 없어, 나가 죽어"와 같은 말은 하지 않아야 한다. 결정적인 단점을 들춰내어 자존심을 상하게 하고 열등감을 불러일으키면 돌부처도 돌아앉을 것이다.

무심히 던진 말이 자녀들에게 심리적으로 큰 타격을 줄 수 있다. 청소년들은 감수성이 예민하기 때문에 가출 또는 자살의 충동을 받게 된다.

말은 칼보다 더 상처를 입힌다(Words cut more than swords).

칼에 찔린 상처는 쉽게 나아도, 말에 찔린 상처는 낫기 어려운 것이다.

사람들은 칭찬해주는 말은 금방 잊어버릴 수 있으나, 모욕적인 말은 좀처럼 잊히지 않는다.

여러 사람 앞에서 야단치거나 때려서는 안 된다. 보는 사람이 없을 때 야단쳐야 한다.

조사에 따르면, 학생들이 가장 듣기 싫어하는 말이 '공부하라'는 말, 그 다음이 '넌 왜 그 모양이야' 등 자존심을 상하게 하는 말이라고 한다.

요새 아이들은 의지력이 약하여 쉽게 좌절하고, 자포자기에 빠지게 된다. 이럴 때 칭찬하거나 격려하는 말을 해주어 기를 살려주어야 한다.

에디슨은 어려서부터 호기심과 탐구력이 워낙 강하여 쉬지 않고 질문하였지만, 그의 어머니는 언제나 차근차근 설명해 주었다. 선생에게 엉뚱한 질문을 많이 해서 학교에서 쫓겨났을 때에도 혼내지 않고 격려해 주었다. 그 결과 에디슨은 세계적인 발명가가 될 수 있었던 것이다.

레오나르도 다 빈치는 사생아로 태어났기 때문에 성격이 소극적이고 열등의식이 매우 강하였다. 그래서 그의 할머니는 "너는 무슨 일이든 할 수 있어. 나는 너를 믿는다"는 말을 자주 해 주었다. 할머니의 확신에 찬 격려와 인정이 레오나르도 다 빈치를 훌륭한 미술가로 키웠다.

사람은 누구나 인정받고, 칭찬 받기를 원한다. 이것은 인간의 기본적인 욕구이다.

칭찬의 좋은 점은 무엇일까? 여러 전문가들의 의견을 종합 정리해 본다.
① 동기를 부여하여 열심히 공부하거나 일하게 한다.
② 잠재적인 능력을 발휘하게 한다.
③ 칭찬 받은 사람은 물론 칭찬하는 사람 자신도 흐뭇해진다.
④ 칭찬 받은 사람은 자신이 자랑스러운 사람이라는 자부심을 갖게 된다.
⑤ 칭찬은 밑천을 들이지 않고 많은 사람을 기쁘게 해준다.

⑥ 자신감과 자부심을 가져다 주어 적극적으로 노력하게 한다.
⑦ 칭찬은 호의를 불러온다. 칭찬 받은 사람은 자기를 칭찬해 준 사람을 좋아하게 된다.
⑧ 자기 자신을 칭찬해서 자부심과 자신감을 높일 수 있다.

이렇게 칭찬의 힘은 큰 것이다. 진심에서 우러나온 칭찬을 해야 한다.

아부하는 듯한 칭찬과 너무 지나친 칭찬은 오히려 역효과가 날 수 있다. 끊임없이 자녀의 좋은 점을 찾아내어 칭찬해 주어야 한다. 한 번 칭찬 받으면 다음에도 계속 칭찬 받으려고, 자기의 체면을 위해 더 노력하게 된다.

칭찬은 고래도 춤추게 한다는 말이 있다. 사람은 누구나 칭찬 받는 것을 좋아한다. 그리고 사람들은 자기를 칭찬해 주는 사람을 좋아하게 된다.

중·고등학생을 대상으로 부모에게 듣고 싶은 말이 무엇이냐에 대해 조사한 결과, 가장 좋은 말은 "잘했어" 그 다음에 "우리 아들(딸) 최고야", "공부하느라 힘들지"와 같은 말이라고 한다.

여러 사람이 있을 때 공개적으로 칭찬하는 것이 더 효과적일 수 있다. 그러나 너무 자주 칭찬을 하면 역효과가 날 수도 있다. 우쭐해서 자만에 빠질 수 있기 때문이다.

자기 자신을 격려하고, 칭찬하는 것도 좋다. "1학기 중간고사 때 시험 잘 본 편이야, 2학기에는 조금 더 열심히 해서 1등 해야지", "조금만 더 노력하면 ○○대학에 들어갈 수 있어, 합격하면 미국으로 여행갈 거야"와 같이 스스로를 격려하고 칭찬하여 스스로에 자극을 주는 방법은 매우 바람직스럽다.

칭찬은 자부심과 자신감을 불러일으켜 의욕을 고취시킨다.

대부분의 사람들은 자기 자랑을 곧잘 하면서, 남을 칭찬하는 데에는 인색하다. 남을 칭찬하는 것은 결코 자부심에 금이 가는 것이 아니라, 오히려 자신이 높아지는 것이다.

한 사람의 꿈을 이루기 위해서는
많은 조건들이 필요하지만
가장 중요한 것은 한 마디의 격려가 아닐까.
어릴 적 부모님의 따스한 한 마디,
선생님의 신뢰 어린 격려 한 마디로
인생의 좌표를 굳게 설정한 위인들이 얼마나 많은가.
사람을 변화시키려면 비록 작고 사소한
일일지라도 격려의 말을 아끼지 말아야 한다.
작은 물결이 모여 큰 물결이 되고,
그 힘은 일찍이 꿈꾸지도 못했던
거대한 제방을 허물어뜨린다.

성공학의 대가 데일 카네기

사람을 잘 만나야 성공할 수 있다

인생에서 가장 중요한 선택은
진로 선택, 배우자 선택, 그리고 친구 선택이다.
실패했을 때에는 쓰디쓴 열매를 씹어야 한다.

결혼하기 전에는 눈을 크게 뜨고, 결혼 뒤는 반쯤 감아라.
(Keep your eyes wide open before marriage, half shut afterwards)

벤저민 프랭클린

1. 자녀의 친구와 이성 교제에 많은 관심을 기울여야 한다

> 엔지니어링과 같은 기술 분야에서
> 재정적으로 성공을 거둔 사람 가운데 15퍼센트는
> 기술적 지식에 따른 것이고, 85퍼센트는 인간관계 능력,
> 즉 사람을 움직이는 능력에 따라 성공을 거두었다.
> 카네기 연구소

사람은 사회적 존재이고 외로운 존재이다. 따라서 사람은 혼자 살 수 없다. 다양한 사람들과 사귀고 의사소통도 하면서 더불어 살아가야 하는 것이다.

브라이언 트레이시는 '인간이 느끼는 행복 또는 불행의 85퍼센트는 자신과 연관된 사람과 맺은 관계에서 결정된다'고 주장하였다.

사람이 살아가면서 좋은 사람을 만나는 것은 큰 복이라 할 수 있다. 이와 달리 사람을 잘못 만나서 고통을 겪는 사람들도 많다. 고민 가운데 대부분은 인간관계에 대한 것이다.

인간관계에서 가장 어려운 것이 마음을 얻는 것이다.

사람은 사귀는 친구에 따라 그 사람이 어떤 사람인지를 판단

할 수 있다(A person is known by the company he keeps).

친구를 선택하는 데 아무리 주의를 기울여도 지나치지 않는다(You cannot be too careful in choosing your friends).

사람이 살아가는 데 인간관계는 매우 중요하다. 좋은 인간관계를 맺고 있느냐 그렇지 않느냐에 따라 행복할 수도 있고 불행할 수도 있다.

사람을 잘 만나는 것도 행운이고, 축복인 것이다. 좋은 친구를 만나 도움을 받기도 하고, 나아가서는 출세도 할 수 있다.

사회생활을 해나가는 데 인적 네트워크(network)가 매우 중요하다. 우리 나라에서는 혈연·지연·학연이 큰 힘을 발휘하고 있다.

사람들은 끼리끼리 모인다(Birds of a feather flock together).

사람은 자주 만나면 정들고 친해지기 마련이다. 같은 고향 사람, 같은 학교 동문들은 자주 만나게 되어 서로 상대에 대해 잘 알게 된다. 그래서 사람이 필요할 때, 잘 아는 같은 고향이나 같은 학교 출신을 추천하거나 채용하게 된다. 대통령은 주변에서 추천하는 낯선 사람보다 평소 잘 알고 지내서 장단점을 알고 있는 사람을 장관 등 고위직에 임명한다. 대통령이 바뀔 때마다 학교 동문이나 동향 사람들이 요직에 많이 임명되기도 한다.

이와 같은 현상은 사회의 모든 분야에서 공통적으로 나타나고 있는 것이다. 인맥이 큰 재산이라 할 수 있다. 인맥이 좋아야 출세할 수 있다.

공자는 자신보다 못한 사람을 벗으로 삼지 말라고 하였다. 자신보다 장점이 많은 친구를 사귀어야 그 친구로부터 배울 게 많고, 자극도 받게 된다.

《명심보감》에는 '물이 너무 맑으면 고기가 없고, 사람이 너무 따지면 친구를 제대로 사귈 수 없다'고 씌어 있다. 모나지 않아야 친구들과 잘 어울릴 수 있다.

품행이 좋지 않은 친구를 사귀어 타락하기도 하고, 신세를 망칠 수도 있다. 자녀들이 사귀는 친구에 대해서도 큰 관심을 기울여야 한다.

사춘기의 청소년들은 누구나 이성과 성에 대해 환상적인 호기심을 가지고 있다. 이성을 신비로운 존재로 생각하기도 한다. 그리하여 이성과 성에 대해 황홀한 상상의 세계로 빠져들기도 한다.

호기심이 나쁜 방향으로 흐르면 돌이킬 수 없는 길로 빠져들어 신세를 망칠 수도 있다.

사춘기의 이성 교제에서 예기치 못한 불행한 결과가 생겨날 수 있다. 사춘기에 이성 교제하는 것을 막아야 하겠지만, 만약

막지 못한다면 양가 부모의 양해 아래 건전한 교제가 이루어지게 해야 할 것이다. 양가 부모가 서로 알고 지내면 더 좋을 것이다. 부모 몰래 단둘이 호젓한 장소에서 만나는 것을 막아야 하고, 공개된 장소에서 만나게 해야 한다.

충청남도교육청에서 발행한 《가꾼 대로 거둔다》에서 '부모들은 사춘기의 청소년들이 육체적으로 성장했지만 정신적으로는 성숙되지 않았다는 것을 잊어서는 안 된다. 그렇기 때문에 자제력을 잃고 일시적인 충동에 따라 불행한 관계를 맺을 수 있다. 사춘기에는 상대방의 결점이 잘 보이지 않고, 장점에만 관심을 갖게 된다. 상대방의 외모에만 매혹되어 쉽게 연애 감정에 빠지게 되는 경우가 많다는 것을 감안하여 상대방을 균형 있는 안목으로 평가할 수 있는 태도를 길러 주어야 한다'고 씌어 있다.

'사랑에 빠지면 눈이 먼다'는 말이 전해져 내려오고 있는데, 최근의 연구 결과 사실이라는 것이 입증되었다. 사랑에 빠져 눈이 멀면 부정적인 감정이 생기지 않기 때문에 상대의 흉터도 보조개로 보인다는 것이다. 그래서 사랑에 빠졌을 때는 중요한 결정을 미루는 것이 좋다고 주장하는 학자도 있다.

사랑에 빠져 눈이 멀어서 판단을 잘못해서 서둘러 결혼했다가 이혼하는 부부가 많다.

IBM의 창업자 토마스 왓슨은 아들에게 "성급하게 배우자를 결정하지 말라"고 권했다.

  나폴레온 힐은 "결혼의 실패는 가장 비참하고 불행하고 절망적인 것이다"라고 말하였다.

  우리가 겪는 고통의 90퍼센트는 인간관계에서 나온다고 한다. 무엇보다 중요한 것이 인간관계를 잘 관리하는 것이다.

  마음을 보아야지 외모를 보아서는 안 된다(We should look to the mind, and not to the outward appearance).

  외형적인 아름다움은 일시적이고 내면적인 아름다움은 영속적이다.

  결혼을 할 때는 상대의 외모보다는 마음씨를 봐야 한다.

  '열 길 물속은 알아도 한 길 사람 속은 모른다'는 속담도 있다.

  인간이란 속 다르고 겉 다르다. 사람을 판단하기가 쉽지 않다.

  사춘기에는 그야말로 맹목적인 열정에 빠져 정신을 제대로 차리지 못할 정도로 홍역을 치를 수 있다.

  부모들이 사춘기에 이성과 성에 대해 어떤 생각을 가지고 있었는지, 그 경험을 되살려 자녀들을 현명하게 교육시켜야 한다.

성공의 비결에서 가장 중요한 요소는
사람과 잘 지내는 법을 터득하는 것이다.

테어도어 루스벨트

2 자녀의 배우자 선택이 중요하다

> 전쟁터에 나갈 때는 한 번 기도하라.
> 바다에 나갈 때는 두 번 기도하라.
> 결혼할 때에는 세 번 기도하라.
>
> 러시아 속담

결혼은 사람의 운명을 좌우한다. 배우자를 잘 만나느냐, 그렇지 않느냐에 따라 행복해질 수도 있고 불행해질 수도 있다.

프랑스의 희극 작가 몰리에르는 "사람들은 정신없이 서둘러 결혼하기 때문에 한 평생 후회하게 된다"고 말하였다. 배우자를 결정할 때에는 서두르지 말고 상대를 잘 관찰하여 신중에 신중을 기해야 한다.

배우자를 선택할 때에는 배우자의 학력, 직업, 건강, 성격, 가정환경 등을 고려해야 한다. 결혼 전에 서로 건강 진단서를 교환하거나 함께 건강 진단을 받는 것도 바람직스럽다. 그리고 배우자의 부모 양쪽이 다 있는 것이 좋고, 배우자의 부모의 학력 수준, 사회적 지위, 경제력, 성품 같은 것도 고려해야 한다.

외모에 매혹되어서 결혼하는 것은 현명하지 못하다. 여자가 얼굴만 잘생기고 성격이 좋지 않은 남자와 결혼하는 것, 남자가 얼굴은 예쁘지만 성격이 좋지 않고, 교양이 없는 여자와 결혼하는 것은 매우 어리석은 것이다. 이해심이나 융통성이 없이 자기주장만 내세우고, 상대를 배려할 줄 모른다면, 좋은 배우자라고 할 수 없는 것이다.

프랑스의 소설가 로망 롤랑은 "인생은 왕복 차표를 발행하지 않는다. 일단 떠나면 다시 돌아오지 못한다"고 말하였다.

한 번뿐인 인생이다. 한 번뿐인 결혼이다. 연습은 있을 수 없다. 사람들은 누구나 환상적인 기대를 갖고 결혼한다. 결혼 뒤 그 기대가 어긋나 실망한다. 이상과 현실 사이에는 큰 차이가 있다. 결혼 전의 황홀했던 연애 감정은 결혼 뒤 현실의 두꺼운 벽에 부딪혀 비참하게 깨지게 된다. 그래서 결혼을 잘못하여 후회하고 한탄하는 사람도 많고, 이혼하는 사람도 많다.

가난이 문으로 들어오면, 사랑은 창문으로 날아간다(When poverty comes in at the door, love flies out of the window).

인생이란 원래 공평하지 못하다.
그런 현실에 대해 불평할 생각을 하지 말고 받아들여라.
빌 게이츠

자녀의 적성에 맞춰 전공을 선택해야 한다

당신 자신이 되어라.
어떤 상황에서도
당신이 가장 잘할 수 있는 일을 하라.
(Be yourself. In whatever circumstances, do whatever you can do best)

헨리 포드

1 적성에 맞는 전공을 선택하는 것이 중요하다

> 위대한 사람들이 달성하고 유지했던 저 위치는
> 순간의 비행에 의해 도달된 것이 아니었다네.
> 그들은 동료들이 잠든 시간에도 정상에 올라가기 위해 애쓰고 있었다네.
>
> 미국 시인 롱펠로우

인생은 선택의 연속이다. 순간의 선택이 인생을 좌우한다. 어떤 전공을 선택하느냐, 어떤 직업을 선택하느냐, 어떤 배우자를 선택하느냐에 따라 그 사람의 운명이 좌우된다. 현명하게 선택하는 방법을 배워야 한다.

자녀의 적성과 재능을 빨리 찾아내어 거기에 맞게 진로를 결정하는 것이 좋다.

우리나라의 자녀들 가운데 대부분은 적성이나 희망보다는 부모의 강요 때문에 법대·의대 등 인기 학과를 선택하게 된다. 자녀들의 적성이나 희망과는 상관없이 명문 대학의 간판만 생각하여 본의 아니게 희망하지 않는 전공 학과를 선택하는 경우가 많다. 그래서 대학 입학 후 전공 학과가 적성에 맞지 않아

전과를 희망하거나, 또는 휴학하고 다시 대학 입학시험을 보는 학생들이 많다.

서울대학의 발표에 따르면 서울대학 학생들 가운데 40퍼센트가량이 전과를 희망한다는 것이다. 대부분 의대·법대를 희망한다고 한다. 애당초 의대로 진학하기로 마음먹었다면 서울대학만을 고집할 것이 아니라, 점수에 맞게 다른 의과대학에 진학하는 것도 바람직하다.

의대·법대로 진학해야만 성공하는 것이 아니다. 인간은 자신이 하고 싶은 일을 할 때 가장 행복감을 느끼며, 자신의 능력을 가장 잘 발휘할 수가 있다고 한다. 의대·법대만 고집할 것이 아니라 적성에 맞는 전공과목을 선택해서 그 분야에서 크게 성공할 수도 있다.

긍정 심리학자 마틴 셀리그먼은 "자신이 잘할 수 있는 일에 몰입하여 열중할 때가 가장 행복한 때"라고 말한다.

미국 시카고 대학의 벤저민 블룸 교수는 여러 방면에서 활동하던 120명의 리더들을 대상으로 조사하였다. 20년 뒤에 확인한 결과 성공한 사람들의 공통점은 자기가 좋아하는 일에 열중했다는 점이다.

박지성은 자기 적성에 맞고 또 자기가 좋아하는 축구에 열중했기 때문에 성공할 수 있었던 것이다. 김연아나 박찬호도 마찬가지이다. 누구의 강요 때문에 억지로 하면 그 일에 몰입할 수 없다. 스스로가 좋아서 선택한 일에는 열정을 가지고 끈질기게 노력하게 된다.

노랗게 물든 숲속의 두 갈래 길,
몸 하나로 두 길 갈 수 없어
아쉬운 마음으로 그곳에 서서
덤불 속으로 굽어든 한쪽 길을
끝까지 한참을 바라보았다.

그러고는 다른 쪽 길을 택하였다. 똑같이
아름답지만 그 길이 더 나을 법하기에.
아, 먼저 길은 나중에 가리라 생각했는데!
하지만 길은 또 다른 길로 이어지는 법.
다시 돌아오지 못할 것을 알고 있었다.

지금으로부터 먼먼 훗날 어디에선가
나는 한숨 쉬며 이렇게 말할 것이다.
어느 숲속에서 두 갈래 길 만나
나는 사람이 적게 다닌 길을 택했노라고.
그리고 그것 때문에 모든 게 달라졌다고.

미국의 시인 로버트 프로스트의 〈가지 않은 길〉

2 인기 학과에만 집착해서는 안 된다

> 어떤 사람은 목표에 근접했을 때 계획을 포기한다.
> 어떤 사람은 최선을 다해 노력함으로써 승리하게 된다.
> 그리스 역사학자 헤로도투스

해마다 서울 공대 신입생 가운데 약 20퍼센트가 1학기가 끝난 뒤 휴학하거나 자퇴한다. 2008년 서울 공대를 수석 졸업한 학생이 치의학 전문대학원에 진학하였다. 휴학하거나 자퇴하는 학생들 가운데 적성에 맞지 않는 경우도 있지만 대부분 확실한 직장이 보장되고 수입이 좋다고 생각하는 의대·치대·한의대로 진학하려는 것이다. 현재 우리나라에는 의대 41개, 치대 11개, 한의대 11개가 있다. 해마다 많은 의사·치과의사·한의사가 배출되고 있다. 2008년 의사 시험 합격자가 3,887명이나 된다.

의사가 너무 많이 배출되어 대학병원 등 대형 병원에 취업하기 어려워 개인 병원을 개업하는 의사가 많아지고 있다. 개인

병원이 너무 많다 보니 운영이 제대로 되지 않아 많은 빚을 지고 자살하는 의사도 있는 실정이다.

우수한 인재들이 공대를 기피하고 의대·치대·한의대로 쏠리고 있으니 이공계 대학이 위기에 직면하게 되었다. 부존자원이 부족한 우리나라에서는 공업이 발달해야 경제가 성장할 수 있다. 학생들의 이공계 기피 현상은 우리나라의 장래를 생각할 때 염려스럽다.

고시가 사회적 신분상승을 보장해 준다고 생각하여 사법·행정·외무고시를 준비하는 사람들이 많다. 고시가 출세의 고속도로라고 생각하여 기를 쓰고 매달리는 사람이 많은 것이다. 왜 고시에 매달리는 것일까? 근래에 극심한 취업난 때문에 9급 공무원 시험의 경쟁률이 몇 십대일 또는 몇 백대 일이나 된다. 그야말로 합격하기가 하늘의 별 따기다.

9급 공무원에서 5급 공무원으로 승진하는 데 평균적으로 25.3년 걸리고, 9급 공무원에서 3급 공무원으로 승진하는 데는 평균 33.6년이 걸린다고 한다. 그런데 사법·행정·외무고시·기술고시에 합격하면 5급 공무원으로 발령이 난다. 얼마나 빠른 성공인가? 여기에 매력이 있기 때문에 많은 사람들이 기를 쓰고 고시에 매달리는 것이다.

그러나 고시에 합격하는 사람보다 합격하지 못하는 사람이 훨씬 많다. 합격하지 못한 사람들은 여러 해 고시에 매달리다 보니 나이가 들어 직장에 취업도 못하는 경우도 많다. 이런 사람들은 신세 한탄만 하고, 심신이 극도로 피폐해지게 된다. 자기의 능력을 판단할 줄 알아야 하는 것이다. '남들이 하니까 나도 해야겠다'는 잘못된 생각을 버려야 한다.

사법연수원 수료자 가운데 판·검사로 임용되는 것은 20퍼센트 안팎이다. 사법고시에 합격해도 판·검사가 되기 위한 경쟁이 치열하다. 판·검사 임용에서 탈락한 사법 연수원 수료자들은 정부기관, 법률회사, 기업체에 취업하든가, 단독으로 변호사 개업을 해야 한다.

현재 변호사의 수는 만 명이 넘는다고 한다. 변호사 사회에서도 경쟁이 치열하다. 단독으로 개업한 변호사 가운데는 일거리가 없어 사무실 임대료조차도 내지 못하는 변호사들이 있다고 한다. 의사, 고시 합격자가 아니더라도 적성에 맞는 분야로 진출하여 크게 성공하는 사람들이 많다는 것을 명심해둘 필요가 있다.

> 분별력 있는 사람들에게 실패는 똑같은 실패를 반복하지 않도록
> 적절히 자기를 개발하고 사람을 대하는 요령을 익히며
> 자제심을 기르도록 자극한다.
>
> 새뮤얼 스마일즈

13

글로벌 시대에 맞춰 교육시켜야 한다

옛날 날마다
내일은 오늘과 다르길
바라며 살아가는
한 아이가 있었습니다.
(There once was a child
living every day
expecting tomorrow
to be different from today)

글로리아 밴더빌트(미국의 여류시인)의 〈동화〉

1 유학이 만능인가?

그만두고 싶을 때 딱 한 걸음만 더!

우리나라에서 과학을 비롯해서 여러 분야의 학문이 오늘날과 같이 크게 발전할 수 있었던 것은 1960~1980년대에 경제적 어려움에도 미국을 비롯한 선진국에 유학 다녀왔던 사람들의 공이 컸다는 것을 부정할 수 없다. 그때는 정말로 학구열에 불탔던 사람들이 유학을 갔기 때문에 그야말로 열심히 공부하였다.

지금은 급속한 정보화의 진전으로 국경 없는 글로벌 시대가 되었다. 그래서 국가 사이의 경쟁이 이전보다 더 치열해졌다.

국제화 시대 치열한 경쟁에서 이겨낼 수 있는 방법 가운데 하나는 선진국의 과학 기술, 경영 기법, 그 밖의 여러 학문을 선진국으로 유학 가서 배워 오는 것이다.

글로벌 시대에 영어는 더 이상 외국어가 아니라 국제어가 되었다. 국제화 시대에 영어에 능통해야 하는 것은 필수적이다.

현재 전 세계의 컴퓨터에 저장된 정보 가운데 80퍼센트 이상이 영어로 기록되어 있다. 영어에 능통하지 않으면 충분한 정보를 얻을 수가 없는 것이다.

지금 우리나라에서는 공교육에 대한 불신과 사교육비의 과중한 부담 때문에 이민가거나 외국으로 유학 가는 사람이 해마다 크게 증가하고 있다. 2009년 미국에 유학한 외국인 가운데 한국인이 10만 명으로 세계 1위다. 인구에 비추어서 굉장히 많은 것이라 할 수 있다. 유학 비용이 만만치 않다. 해마다 유학 연수 가는 사람이 증가하고 그 비용도 증가할 것이다. 남들이 가니까 나도 간다는 묻지마 유학 연수가 해마다 증가하고 있다. 해마다 방학 때만 되면 인천국제공항은 영어 연수를 위해 유학 가려는 학생들로 붐빈다. 엄청난 비용과 시간에 견주어 얼마만큼이나 효과가 있을까? 성과가 별로 없는 사람도 많을 것이다.

**사람은 잘 배워야 한다.
그러나 수동적으로 배우는 자세를 취해서는 안 된다.**

유대교의 가르침

2. 조기 유학에 대해 신중하게 생각하자

> 배는 항구에 있을 때 가장 안전하다.
> 하지만 항구에 머물러 있기 위해 만들어진 것이 아니다.
>
> 호주 격언

과중한 사교육비 부담 등 열악한 한국의 교육 현실에서 벗어나고자 미국 등 영어권 국가로 조기 유학 가는 학생들이 해마다 증가하고 있다.

한국교육개발원의 조사에 따르면 자녀를 조기 유학 보냈던 학부모 가운데 44퍼센트만이 조기 유학의 목적을 달성하였다고 답하였다. 그리고 유학 갔던 학생의 절반 정도(53.6%)는 귀국한 뒤를 대비하려고 현지 학원에서 한국의 교과 내용을 따로 배운다고 한다. 중도에 귀국할 경우 국내 적응이 매우 힘들다고 한다. 자율성과 창의성을 강조하는 외국의 자유로운 분위기가 귀국 뒤 주입식 교육으로 바뀌면서 크게 당황하여 공부에 취미를 잃고 방황하는 학생이 너무 많다고 한다.

미국에 온 조기 유학생들 가운데는 언어 장벽으로 고교 졸업 자격시험에도 떨어지는 학생도 많다고 한다. 자격시험에 떨어져 고교를 중퇴하고 끼리끼리 몰려다니면서 나쁜 길로 빠지는 학생들도 제법 많다고 한다. 고교 졸업 자격시험에 탈락한 학생들 가운데는 한국으로 다시 돌아와 고교를 졸업하는 경우도 있다.

재미교포인 사무엘 김 박사는 《한인 명문대생 연구》를 통해 하버드·예일 등 14개 명문대에 입학한 한인 학생 1,400명을 분석한 결과 김 박사는 '한인 학생 가운데 56퍼센트인 784명만이 졸업하고, 나머지 44퍼센트는 중퇴하였다'고 밝혔다. 실패 요인으로는 독립심 부족, 영어 실력 부족, 전공과 대학 선택 실패 등을 꼽았다.

자녀가 외국에 유학 가서 공부할 수 있는 기초적인 실력과 하고자 하는 의욕이 어느 정도인지를 판단해서 유학 보내야 한다. 유학 안 보내는 것만 못한 결과도 얼마든지 생겨날 수 있다.

묻지마 유학은 삼가야 한다. 신중에 신중을 기해야 할 것이다.

> 시작이 좋으면 끝이 좋다(A good beginning makes a good ending).
> 격언

3. 앞으로 영어의 중요성이 더 커질 것이다

> 열정은 노력의 어머니다.
> 어떠한 일도 열정 없이 성취되는 것은 없다.
>
> 랠프 왈도 에머슨

글로벌 시대를 맞이하여 우리나라에서 영어를 공용어로 하자고 주장하는 사람들이 점차 많아지고 있다. 글로벌 시대에 영어는 더 이상 외국어가 아니라 필수어가 되었다.

현재 우리나라에서 영어 사교육비가 1년에 15조 원에 이른다고 한다. 엄청난 액수의 돈이다.

지식과 정보가 하루가 다르게 폭발적으로 증가하고 있다. 그에 따라 경쟁도 더 치열해질 것이다. 이럴 때 영어를 제대로 구사하지 못한다면 치열한 경쟁에서 뒤처지는 것은 너무나 당연하다고 할 수 있다.

영어를 능숙하게 잘하면 몸담고 있는 조직체에서 모든 임직원들의 부러움을 사고 두각을 나타낼 수 있다. 영어 잘하는 것은 자랑이고, 경쟁력이다.

지금 대학에서는 영어로 강의하는 강좌가 많이 있다. 앞으로는 더 증가할 것이다. 국내의 많은 기업에서 신입사원을 채용할 때 토익 점수 대신 영어 면접시험을 본다.

2006년부터 사법 연수원에서 원어민 강사가 영어로 수업을 진행하는 영미법 강좌가 필수과목으로 도입되었다. 법률 시장의 개방이 예상되어 법조인의 국제 경쟁력에 대비하기 위한 조치이다. 성적 하위 20퍼센트는 과목 낙제를 시켜 재수강하도록 했다.

포스텍(포항 공대)은 2010년 3월 신학기부터 강의와 연구, 교수회의 등을 영어로 진행하는 영어 공용화를 시행하기로 하였다. 앞으로 많은 대학들이 영어 공용화를 시행하게 될 것이다.

어떤 대기업에서는 영어 공용화를 실시하겠다고 발표하였다. 글로벌 경영을 위해서는 영어가 기업 경영의 핵심요소라고 생각하는 것이다.

앞으로 영어를 배우려고 유학·연수 가는 사람이 계속 늘어날 것이다.

고진감래(苦盡甘來, Pain is gone and pleasure is come)
격언